医師・病院関係者のための

IUS EST ARS BONI ET AEQUI

民法（債権法総論）入門

田邉 昇

中村・平井・田邉法律事務所弁護士

120年ぶりの大改正をふまえて

中外医学社

はじめに

　皆さんが本書を手にとられた理由としては，民法（債権法）改正関係の書物が多く出版され，医療関係の雑誌などにも改正民法にどう対応するかといった特集が組まれているから，「気になって」というケースが多いのではと思う．個人情報保護法の施行や改正などの際にも，どの程度本気で読まれているのかわからないが本がよく出ていた．いろいろ病院関係者と話すと，けっこう誤解・曲解があり，結局は本は買われているが読まれていないことがわかる．本を読まないと言えば最近の若い人は活字を読まないなどと揶揄する声もあるが，ウェブサイトの記載は多くがテキスト情報であり，紙に印字こそしていないがテキスト情報は依然として情報伝達の重要手段である．決して「活字離れ」ではなく，断片的な情報収集が多くなっているのだと思われる．おそらく，正しく法令の内容や知識を理解していないのは，必要だと感じたときにGoogleなどで検索して，当該事案のことを書いていそうなことを鵜呑みにして，あるいは独自の解釈でこうだと思っているからかもしれないし，講演会やテレビ番組などで弁護士が質問に答えるのを聞いて「確信」に至っているからかもしれない．

　しかし，同じ「正しく」記載された法律家の説明を読んでも，法律学についての基礎知識がなければ，「正しく」読めるかどうかはわからない．例えば「ステロイド剤は，しばしばオリンピックを目指すアスリートからも検出される．もちろん，ステロイド剤の使用は競技能力をアンフェアに向上させるし，使用自体，肝障害などのリスクを伴うから，国際アンチドーピング機構（WADA）によって厳格に禁止されている」「アトピー性皮膚炎の治療において，多くの皮膚科医はステロイド剤を使用している」という二つの文章は「正しい」記載であるが，医学知識のない患者が読むと，自分の塗っている外用剤が，肝障害を起こすと確信して怒鳴り込んで来るかもしれない．アナボリックステロイドと副腎皮質ホルモンの違い，外用剤使用と血中移行率，全身への影響を呈する濃度くらいは説明するのだろうが，両者の構造上の違いと，なぜ「同じステロ

イド骨格」を有するのに作用が異なるのか，血中に移行していないとどうやって確かめるのか，具体的にどの程度の外用をすると影響が出るのかといった質問に対しては，正確に回答できない，エビデンスを示すことがすぐにはできない医師がむしろ多いのではないかと思われるが，素人は「両者は違うものだ」「外用と内服では効果や副作用が全然違う」ということも知識がないと全くわからないものなのである．本書は，民法についても，副腎皮質ホルモンとアナボリックステロイドは「違うものだ」というくらいの知識を持っていただくことを目的とした本だと思ってもらえばよいと思う．

　もっとも，脱線になるが，ちゃんとしたメーカーが湿布薬が関節内に有効成分を浸透させて痛みをとるといった広告を打っているところをみると，医学知識や科学知識についてのいろいろな誤解の程度は，医師の間での法律についての誤解・曲解より大きいのかもしれない．

　今回の民法改正も，時効や保証の関係など医師や病院に関係する改正はいくつかあるが，本書は，そのような改正点も含めて，もともと民法はどのような法律で，どのような場面に使われるのかということを，法律の世界に縁が遠いと言われる医療従事者や病院関係者にわかりやすく説明するために執筆した．

　民法や刑法といった基本的な法律，あるいは憲法という人権を規定した法律について医療界が疎いのは，監督官庁の厚生労働省が，いまいち法的マインドに欠けるところがあるからであろう．法や人権は，国民すべてが知っていることが前提になっている（「法の不知は許さず」というのが法諺として知られている）．厚生労働省のいい加減な法律判断にだまされないためにも，法律の基本をかじっておくことは重要ではないだろうか．

　本書であるが，改正前の条文と改正後の条文を並べて記載している．法律家など，従前の民法に慣れ親しんでいる方が読む場合には，変更点を理解するためにそのような記載の書物が主流であるが，医師の皆さんはそもそも民法なんてちゃんと読んだことはないから，改正されたんなら一から勉強するけど，混乱するから改正法だけ説明してよという気持ちになると思われる．

　しかし，今回の改正民法は，改正法の適用については，契約法関係などでは，契約締結時の条文に従うことになっている．例えば診療契約も契約なので，3年前の入院で，ずっとみていた患者が結局亡くなったとして，診療契約上の義務違反を主張された場合，適用される民法の条文は改正前の条文である

（措置法に詳細が記載されている）．

　したがって，実際の事案を検討する法律家は，改正前後の条文を知っていないといけないので，資格試験などはけっこうボリュームが増えることになり気の毒である．

　読者として想定している医師の皆さんも，改正法だけ勉強していて，pitfallに入ると何のために本書を読んでいただいたかわからないので，改正前の条文も挙げておいた次第である．逆に言うと，しばらくは改正前後の法の適用から検討して，判例や解釈も改正で改正前後法いずれが適用されるとしても影響を受けるので，生半可な知識で判断するのは危険である．本書でなるほどと思った方ほど，法律家の意見も聞いた上で行動して欲しいと考えている．

　本書が，そんな医師や医療従事者，病院関係者に役立てば幸いである．

　なお，本書は債権法の改正部分についてのみ執筆したので，総則・物権法や親族法については触れていない．これらの規定を前提としないとわかりにくい部分も多々あると思うが，総則など一般向けの解説書で補充いただくことでご容赦いただきたい．機会があれば，民法総則についても解説書を執筆したいと考えている．

　　2022 年 1 月

　　　　　　　　　　　　　　　　　　　　　　　　　　田邉　　昇

目　次

1. 法学入門みたいなもの

　民法のことを説明する前に，法律について少しお話ししておいたほうがよいかもしれない．医療訴訟の裁判あたりをみていると，とにかくむちゃくちゃな裁判が多い．トンデモ判決というわけだが，一応，裁判官が証拠に基づいて事実を認定し，法律の条文を当てはめて結論を出しているらしい．

　むちゃくちゃと言っても，独裁者が気まぐれで判断するのは，たとえ独裁者が学会専門医で，教科書も書いている，手術成功件数が自慢の外科医でもいやだろう．特に，医師以外や，外科医でない先生方は御免被りたいと思うはず．

　法治国家というのは，法律に則って裁判官，すなわち，法律の解釈や適用，事実認定という万国共通と考えられているお作法（フィクションの側面も大きいが）に則って判断をし，これが国民も，国家権力も拘束するというスキームである．そして，法律の制定は議会が行い，その執行（裁判所が死刑だと判決をして，実際に首を絞めるということ）は行政が行う三権分立が，現在の国際社会ではよいことだとされている．

　三権分立がなぜよいこととされているかというと，歴史的に国家権力はいつも悪いことをするという考えに法学はよっているからである．

　これなどは，医師のみなさんというより法学部卒業生以外は目からうろこみたいな話だが（本当は中学や高校の教科書にも書いているが，あまり本気で勉強しない），国民の自由を守るために，国家権力に制約を課そうというのが法律学の基本的なスタンスである．特に，アメリカの考え方はそれが強く，イギリスという議会制民主主義のパイオニアみたいな国（15世紀には，人口の数％ではあるが大地主 gently による下院議員選挙が行われている）と戦争して独立し，さらに合衆国連邦として unity を求める一派と，各州の独立を主張する一派が抗争を続けていた国なので，自分達以外の権力者に対して，枠をはめるというスタンスの自由主義が強調され

ている.

　しかし, 現在の日本は, 天皇こそいるが, 国民主権ということになっているので, 自分達＝権力者・支配者という構造である. そこで, 主権者たる国民の意向を尊重せよという民主主義の要請があり, 自由主義と民主主義のバランシングをどうとるかが憲法などの解釈では重要になっている.

　また, 刑法や各種行政法 (医師法もその一つ) などの, 国家と国民の関係を規律する法律も, 取り締まりの必要性 (国民がしっかり取り締まってくれと望んでいる. いわば民主主義の要請) と, 好きなようにやらせろよという自由主義の要請のバランシングが解釈基準となっている.

　これに対して, 本書で解説する民法は, 私法に属し, 国民相互間のトラブル解決のための法律である. したがって, お互い国民なので, 対立利益は民主主義と自由主義ではない. また, 解釈論で縷々述べるが, 静的安全 (本当の権利者が保護される) と動的安全 (取引を円滑に) が対立利益となることが多い. 例えば, 保険証を持ってきた自称Aなる患者, 実は偽物で, 本当はBであった. こんなときに, Aの保険証ではBの診療費は払えないから駄目というのが静的安全重視の対応で, そんなことを言ってたら, 医療機関が本人確認が大変で, 円滑な診療ができないので, 保険証を持ってきたら, 持参者が本人と信じて診療をした治療費などは, Aの診療をしたとして払いうるというのが動的安全である.

　この設例は, 支払基金という公的な機関がかかわるので民法の話というには必ずしも適切ではないかもしれないが, イメージはつかめるのではなかろうか.

　なお私法の中には, 民法のほか, 商法, 会社法などがある. これらは民法の「特別法」という位置付けである. 民法が「一般法」, 会社法などが「特別法」というわけであるが, ある事柄に法律を適用する場合, その順序というものが決まっている.

　新しい法律と古い法律があれば, 新しい法律が適用されることはわかりやすいであろう. ただ, 刑事罰などは, 行為当時の法律が適用されるという決まり (刑事不遡及原則) がある.

　そして, 一般法と特別法の関係があれば, まずは特別法を適用する. そ

して特別法の中に，あてはまるような規定がない場合に一般法を適用していくことになる．

　これは法律に限ったことではなく，ガイドラインや，診療上の考え方にしても同様であろう．原則的には白血病は Total cell killing であるが，分化誘導療法が効果的な造血器腫瘍で高齢者などといった例外的な場合には，そのような考え方をしないというようなものである．

　したがって，商取引や会社の意思決定などは商法や会社法の規定をまず参照するが，はっきり書いていない場合は民法の規定をみるべきなのである．

　ここで，医療の場合，疑問に思うのは，健康保険などの規定と，ガイドラインの記載などが抵触する場合，どうするかという問題がある．健康保険法に基づく療担規則は，法令の一種であるからガイドラインに優先すると思われるかもしれないが，健康保険法は公法といって，国や自治体と医療機関との関係を規律するルールであり，患者と医療機関や医師との関係は私法である民法が適用される．したがって，患者との医療訴訟で直ちに療担規則が判断基準となるものではない．民法には具体的に個別疾患などについて医師の診療義務について記載されていないので，ガイドラインが裁判所のよりどころになることが多いが，それは誰と誰との間のルールかという点が異なるからである．いわばダブルスタンダードが法律では存在する．これを公私二元論と言い，裁判実務ではこれによっている．

2. 民法の成立と改正の歴史

　民法は，わが国でも 100 年の歴史を有する古い法律で 1898 年に施行されている．民法は取引の法であるから，江戸時代，いやもっと昔にも商取引が広く行われていたのであるから，取引のルールはあったはずである．8 世紀の大宝律令にも取引のルールが記載されていたようであるが，江戸時代などでは各藩主の命令などで取引ルールが定められたり，商人間の慣習的ルールで規律されていたようである．徳川吉宗が幕府公認の米切手転売市場として堂島米会所を認め，これが世界初の公設デリバティブ市場とされているように，高度な取引ルールの整備は公私ともに進んでいたようである．

　しかし，明治維新になっても，成文の法典として取引ルールブックは存在していなかったので，欧米列強は，日本に経済進出するにあたり，取引ルールの明確化を迫るようになる．近代国家として，欧米列強と対等に付き合うことを悲願としていた明治政府は，取引の基本法である民法の制定を考えた．当時の司法卿（法務大臣）江藤新平の命を受けて，フランス留学経験のある箕作麟祥は，ナポレオンが作ったと言われるフランス民法を翻訳した．しかし江藤が失脚し，反乱（佐賀の乱）まで起こしたため，頓挫し，明治政府はやむなしとフランスの法学者ボアソナードを招聘して日本の民法を起草することを依頼する．

　しかし，ボアソナードの母国フランスの民法は，所有権などの個人の私権を自然法的，つまりは神様が保護してくれる絶対的なものと捉えようとする考えが強かったようである．フランス革命を経て，ナポレオン時代にできたわけであるから，そんな影響かもしれない．

　その一方で，当時は 1871 年，ちょうど明治維新（1868 年）のころにプロイセン中心に統一されたドイツが，民法典を完成させていた（ドイツ統一民法典の完成は 1900 年）．ドイツでも，アメリカ合衆国ができたときのように，独立国（Land）の集まりの国なので，ゲルマン諸法と言われ

た各 Land（例えばサッカーの強いバイエルンとか）の法律がそれぞれあ
りばらばらだったのを，ナポレオン侵攻を契機に導入されたフランス民法
典を参考に（もちろんこれには反対があり，いろいろ議論されたようであ
る），ローマ法の流れを汲む統一法典として作られたようである．ローマ
法とは，ローマ帝国で通用していた万民法という取引などのルールであっ
て，広大な版図を有し，盛んに通商を行っていたローマ帝国の中で使われ
ていた法律なので，ローマ帝国の継承者（神聖ローマ帝国）としてローマ
の流れを汲み，その中で分裂していたいろいろな領邦（Länder）が統一
して大きなドイツとなったときには使い勝手がよいと考えられたのであろ
う．

　となると，江戸時代の幕藩体制が終わり，明治政府による中央集権的な
支配体制を確立しつつあった日本にとって，ドイツ民法は採用する魅力の
高い法典であり，ドイツ法の考え方を導入したほうがいいんじゃないかと
いう意見が有力に唱えられた．結局，そのままフランス民法でいこうとい
う「断行派」と，ドイツ民法を参考に仕切り直そうという「延期派」が
「法典論争」と言われる抗争を繰り広げ，結局ボアソナードの起草した民
法（旧民法）は施行されずに，再度，諸外国の制度を調査して民法が作り
直されることになった．医療制度などでも，各団体やマスコミがあれこれ
騒ぐと，また，別の審議会だとか研究会だとかを立ち上げて（結局は御用
学者を並べるだけである）「仕切り直し」をするのは同じようなものであ
る．

　法学部の学生が講義で聴くのは，ボアソナードの民法案は，親族関係の
規律が自由主義的で，日本の家制度に合わなかったので，「民法出でて忠
孝亡ぶ」といった批判が「延期派」から出たから実現しなかったとかいう
話であったが，最近は，ボアソナードは家族法なんか作っていないという
ことで，これは本当の理由ではないのではないかと言われている．

　ドイツ民法などを参考に仕切り直そうということになって，起草委員と
して，富井政章，穂積陳重，梅 謙次郎という 3 人が任命された．3 人は
とんでもない秀才揃いで，留学先の大学でも，法律のことなら何でも知っ
ていると評判になるほどだったという．3 人は，語学の才も優れていたと

みえて，独仏のみならず南米の国の民法までをも含めた世界中の民法の規定を取り入れて民法を作っている．

　ちなみに梅 謙次郎（1860～1910）は，松江藩の侍医の次男で，東京外国語学校のフランス語科卒業の経歴である．梅が東京外国語学校を卒業したときには，まだ東京大学は設立されていない．留学先のリヨン大学の大学院では首席だったというから天才と言えよう．

　梅らは，1893（明治26）年4月，法典調査会主査委員となり，民法・商法などの立案・起草に従事した（商法は梅と岡野敬次郎，田部 芳が起草した）．ただ，3人はゼロから民法を作ったわけではなく，ボワソナードの民法案も大いに参考にしたようである．その結果，民法にはフランス法の影響が強く残っていると言われている．

　なお，家族法の部分は，ボワソナードの民法案がほとんど変わらず採用されているということである．あれっ，「忠孝滅ぶ」は……？

　3人が作った民法案は帝国議会での審議を経て，1898（明治31）年，ついに民法は施行された．これが現在の日本民法である．100年にわたってルールブックとして生き残る力を持った法律を作った3人は，やはりすごい．

3. 民法の構成

　民法の法典の構成はいわゆるパンデクテン方式という形で記載されている．医療の世界でもまとまったことを文章にまとめたものに教科書やガイドラインがあるが，医学系の出版物などを考えると，個々の疾患や病態ごとに必要な生化学的・解剖学的事項などを記載し，その項目だけ読めば必要な基礎知識がひと通り入るようなものもあるが，他方，最初から通して読まないと，調べたい病気を目次や索引をみて該当ページをみただけではよくわからないようなものもある．民法は後者である．

　日本の民法典は，一般的・抽象的規定を個別的規定に先立ち「総則」としてまとめることにより，法典を体系的に編纂することに主眼を置いた記述形式で，このような形式をパンデクテン方式という．これに対する記述形式がインスティトゥティオネス方式という．

　パンデクテンとは，ローマ法と呼ばれるローマ帝国の法令集やその解釈に遡る言葉である．東ローマ皇帝ユスティニアヌス1世は，ローマの法令について書物にまとめる事業を行い，『勅法彙纂』『学説彙纂（いさん）』『法学提要』を編纂させたが，その後もいくつかの法典が作られ，これらはローマ法大全などと呼ばれた．これら諸法は12世紀初頭に『ユスティニアヌスの市民法大全』としてフランスなどでまとめられ，1583年にフランスの法学者ゴトフレドゥスが『ローマ法大全』と名付けて出版してから，「ローマ法大全」という言葉が一般化したとされる．日本民法はドイツ民法を参考に作られたことは説明したが，ドイツ民法は元はと言えばローマ法大全の解釈をまとめた『学説彙纂』を参考に作られているので，なかなか重要な本である．そして『学説彙纂』という本が，総則から体系的に記載されているために，『学説彙纂』のギリシア語であるPandektaから，特に民法の記載方式をパンデクテン方式と呼ぶようになった．刑法なども総則が頭にあったりするが，一般には民法典についてのみそう呼ぶのはこのような沿革による．

　解剖学的用語になじみの深い医師の読者の方は，すぐ気が付くと思うが，ギリシア語の Pandekta は何でも書いてあるといった意味であろう．『学説彙纂』のラテン語は Digesta と言う．そう，digestive system の語源である digesta，消化する，書き物では「ダイジェスト版」である．300万行の法学学説関係の資料を 15 万行と，20 分の 1 の分量にまとめたので，そう呼ぶらしい．

　19 世紀のドイツ私法学では，この『学説彙纂』を重視した概念法学の研究が盛んであったため，パンデクテン法学（Pandektenwissenschaft）と称されたが，その泰斗である Windscheid という法学者の書いた本のタイトルが「Pandekten」だったからそう呼ばれたらしい．今だったら「ダイジェスト民法学」と「パーフェクト民法学」とどっちが売れるかというと，読むのが楽な前者のような気がするが，当時は後者が人気だったのだろう．

　だから，1896（明治 29）年に公布され 1898（明治 31）年に施行された日本の民法典は，当時起草中であったドイツ民法典，特にドイツ民法典第一草案の影響を強く受け，パンデクテン方式によって構成・記述されたのである．

　具体的には，まず「第一編　総則」とあり，以下「第二編　物権」「第三編　債権」「第四編　親族」「第五編　相続」と続く．「第一編　総則」の内容は，「人」「物」「法律行為」「時効」など以降の編に共通の事項がまとめられている．さらに，各編の中でも「第二編　物権」の第一章は「総則」，「第一編　総則」「第五章　法律行為」の第一節も「総則」という具合に，必要に応じて章・節を設定し，その章・節の中の共通部分も「総則」として前に括り出される形式で体系的に記載されている．

　このような形式なので，目次を読めば必要な条文を検索しやすいし，重複を少なくして条文の数を少なくできる利点がある．解釈についても，総則が具体的シチュエーションについての規定の前に置かれているので，いろいろな場面を想定して解釈するために，その解釈の幅を広くすることが許されるし，総則があるので解釈を統一しやすい利点があり，裁判官（集団）にとっても使いやすい．

　しかし，これはあくまで使いこなしている人の間での利点であり，はじめて六法を開くと，どこに何が書いてあり，どれを適用すればよいかわかりにくい．

　一方のインスティトゥティオネス方式は，ローマ法大全の中で『法学提要』というガイウスの記載した教科書の記載方式に依拠した条文の記述方式である．これはフランス民法典に継受されており，規定を「人，物，行為」の3種に分ける．誰が，何を，どうしたという順で記載されているので，全く知らない人が条文を探すには都合がよい．ローマ法が，中世欧州では神聖ローマ帝国においてよく普及していたので，13世紀のフランス国王フィリペ2世は，これに対抗してフランスの在来法を編集し，インスティトゥティオネス方式で編纂したと言われている．インスティトゥティオネスというのは言うまでもなくinstituteすなわち教育機関の意味であり，学校の教科書というのが元の意味だそうであるが，パンデクテン方式のほうが，教科書として用いるにはよいように思える（というか教科書として，一から教えてもらわないとわからん！）．

　だから，日本の民法の条文を読むなら，簡単な教科書などを読んでから条文に入るほうがよいだろう．いきなり逐条本を読み始めてもピンとこないと思われる．だったらこんな本を買うんじゃなかったと後悔しているかもしれないが，だまされたと思って読了して欲しい．

4. 民法をはじめとする法律の運用・修正原理

　では，実際に民法が私たちの実生活に適用される場面にはどのようなものがあるのだろうか．

　やはり，私たち医師や医療従事者にとって気になるのは医療訴訟だろう．診療行為に何らかの過誤があると，それによって患者が死亡などした場合に巨額の賠償請求をされることがある．訴訟を提起された場合，裁判所でどのような基準で判断されるかと言うと，まずは前提となる事実を証拠から認定し，認定した事実を法律の条文に当てはめていくのであるが，この際に適用される条文は，医師法でも医療法でもなく民法である．

　具体的には，民法709条の不法行為の規定や，415条の債務不履行の規定が用いられる場合がほとんどである．

　また，クリニックをビル内に開く場合，ビルのオーナーとの間に賃貸借契約を結ぶことが考えられるが，これも民法の対象（一部民法の特別法としての借地借家法）である．開業に当たって，コンサルと契約すれば準委任契約，金融機関から資金を借りれば金銭消費貸借契約，従業員を雇用すると雇用契約で，これらも民法に規定がある．労働契約は労働契約法や労働基準法などで修正を受けているものの，ベースは民法である．これらは民法の債権法と言われる分野である．銀行から資金を借り入れる場合，自宅を担保に入れる場合があるであろう．その場合に付される抵当権は，やはり民法の条文を適用するのである．

　このように，私たちの生活は，そのほとんどが民法の規律によっていると言ってよい．私的生活の基本法とも言うべき法律が民法なのである．

　民法は，このように私法関係の基本法であるが，多くの修正が特別法で施されている．最も広範な修正を加えられているのが雇用契約の分野であり，労働契約法という契約関係を修正する私法の特別法がある．公法に属する労働基準法，労働組合法といった法律が，使用者と労働者の間の契約関係（私法関係）の修正を行っている．

JCOPY　498-04898

例えば，先生が，病院を開設する医療法人の理事長として後輩の医師との間に雇用契約を締結し，月給80万円を払うから「断わらない救急」を実現させようとスクラムを組んだとしよう．後輩も毎晩深夜まで働いて残業代を稼ぎ早く持ち家を建てたいと言って，労働基準法は原則的には残業は許さない．同法の36条で労使協定（いわゆる36協定）を結んで初めて残業が可能になる．これがないと深夜業をさせると刑事罰があり深夜業をする契約は無効である．このような制限は民法には記載されていない．

また，非常に広範一般的な法律であるが，消費者契約法という法律がある．

消費者契約法 第1条
この法律は，消費者と事業者との間の情報の質及び量並びに交渉力の格差に鑑み，事業者の一定の行為により消費者が誤認し，又は困惑した場合等について契約の申込み又はその承諾の意思表示を取り消すことができることとするとともに，事業者の損害賠償の責任を免除する条項その他の消費者の利益を不当に害することとなる条項の全部又は一部を無効とするほか，消費者の被害の発生又は拡大を防止するため適格消費者団体が事業者等に対し差止請求をすることができることとすることにより，消費者の利益の擁護を図り，もって国民生活の安定向上と国民経済の健全な発展に寄与することを目的とする．

診療所や病院なども，同法に言う「事業者」であり，「消費者」である患者との関係では消費者契約法が適用される．例えば同法4条には以下のような規定がある．

3項　消費者は，事業者が消費者契約の締結について勧誘をするに際し，当該消費者に対して次に掲げる行為をしたことにより困惑し，それによって当該消費者契約の申込み又はその承諾の意思表示をしたときは，これを取り消すことができる．
三号　当該消費者が，社会生活上の経験が乏しいことから，次に掲げる事項に対する願望の実現に過大な不安を抱いていることを知りながら，その不安をあおり，裏付けとなる合理的な根拠がある場合その他の正当な理由がある場合でないのに，物品，権利，役務その他の当該消費者契約の目的と

> なるものが当該願望を実現するために必要である旨を告げること.
> 　イ　進学,就職,結婚,生計その他の社会生活上の重要な事項
> 　ロ　容姿,体型その他の身体の特徴又は状況に関する重要な事項

　例えば,美容皮膚科で,この施術でニキビがよくなるとか言って,ピーリングを勧誘した場合,ダウンタイムがあることを説明していない場合,「聞いてないよ!」と消費者契約法を主張して契約を取り消し,施術料金を踏み倒したり,返せとか言われることが考えられる.医療行為の場合,説明が不足していると説明義務違反で慰謝料請求が認められる場合が多いが,一般的に診療行為の結果,悪しき結果が生じていない場合,慰謝料は認められないことが多い.また診療費用は支払った分を返せと言えるのは,説明義務違反がなければ絶対にその治療を受けなかったといった場合に限られる.ところが,消費者契約法の適用があると,結果にかかわらず一定の場合は取消しが認められ,支払いも拒否しうる.

　また,独占禁止法(私的独占の禁止及び公正取引の確保に関する法律)も「私的独占」という名前の通り,民法の修正原理として働く場合もある.例えば,私的独占,不当な取引制限等の独占禁止法違反行為について,公正取引委員会の排除措置命令または課徴金納付命令が確定している場合は,違反者に故意・過失がなくとも損害賠償が認められる旨規定している(独占禁止法25条).

　このように特別法と言われる法律で,民法が修正されている例は多くあるが,裁判例の積み重ねあるいは最高裁判所の判例によって条文自体が空文化していたり,普通では考えにくいような解釈をして,実質的に「修正」をしているケースも多くみられる.

　例えば委任契約は,特約がなければ「無償」と条文(民法648条1項)には明記しているが,商人間の取引の場合は特約がなくても有償とされている(商法512条).しかし,医師・弁護士と患者・依頼人との間の契約は裁判実務では商法の適用はないとされている.ところが最高裁〔最高裁(法廷名省略,以下同様)昭和37年2月1日判決 民集16巻2号157頁〕は報酬の取決めがなくても,当事者間の諸般の事情を審査し,当事者の意

思を推定して相当報酬額を定むべきとしている．だから，条文を丸暗記し
ているだけでは実務では役に立たず，判例なども知っておく必要があり，
司法試験でもそこが出題される．司法試験に合格するためには六法全書の
暗記は無用（試験のときは六法全書貸与である）であるが，重要な判例は
覚えておく必要がある．

5. 経過措置

　今回の債権法改正においては，改正前後のどちらの条文が適用されるのかを定めた経過措置が改正後民法の附則に規定されている．どのような法律改正でも経過措置が定められることが多い．ルールが変わるのであるから，混乱を避けるためには当然である．刑事罰を科すような法令では，事後処罰は禁止され，必ず施行後の規定を適用するのが憲法（31条，39条）の要請と解釈されている．

　まず，法律というのは，あれこれ対立する議論があり，国会でAだのBだのと議論があり，その結果，コンセンサスが多数の支持を得られたものについて，たいていは政権与党がいるときは政府提出法案（内閣提出法案）として国会に議案として提出される．多数決で可決されても，「成立」するだけで，直ちに国民にとっての権利義務を規定するようにはならない．

　天皇による公布（日本国憲法7条1号），そして国会で議決したときに規定された施行日を待ってはじめて効力が生じる．施行の際には厚生労働省などの主務官庁の施行規則などが定められるので，より具体的な内容が示されることになる．

　一般的には，新法の施行日までには，政府はいろいろな形で周知するし，それ以降新法が適用されることが知らされる．少なくとも新法施行日以降は新法を守っていれば法律違反はせずに済むはずである．

　それでは今回の民法改正に伴って，新しい民法を勉強しておけば，何か問題を検討するときに十分なのだろうか．改正を契機に勉強を始める方も多いし，だから法律改正のときには，改正部分以外も含めた成書が売れるので，著者や出版者のかき入れ時となる．

　本書を手に取っていただいた読者の先生方は，そのように思ってのことだろうが，残念ながらそうではないのである．申し訳ない（しかし本の代金は返さない）．今回の民法改正は，改正後の法律条文を知っていても，

JCOPY 498-04898

それがルールにならない場面がこれから先もどんどん出てくるのである．

　例えば，先生がクリニックの大改装を考えたとしよう．メインバンクの銀行からの借り入れは，自慢のタワーマンションがすでに他行の担保に入っていることや，メインバンクであるその銀行から金利交渉結果により借り入れをしなかったことで担当者と関係が悪くなり，少し売上げが悪いことを理由に渋い顔をされた．妻の兄がIT系で仮想通貨関係の取引で大儲けをしたと言うので，話半分で相談したところ，令和2年3月に5,000万円の融資契約がまとまり契約書も交わした．銀行も断るという案件ということで金利はかなり高額になっている．ところが，現実に融資をしてもらう予定の7月末までに新型コロナもあり，売上げは減少．クリニックの大改装もやめようということになった．

　その後，改装計画の中止をめぐってかねてからそれほど仲のよくなかった妻との間が険悪になり，この妻の兄が態度を豹変させ，5,000万円借りてもらう，借りないというなら本当は仮想通貨やFXで儲かったんだから損害賠償を請求すると言ってくる．もめたまま実際に5,000万円が送金されるわけもなく，時間が経って，FXとやらの損害賠償請求額が膨れ上がっていくのであろうか．このように一連のやりとりが令和2年4月1日をまたがるときは改正後の民法の条文を読んでいるだけでは，わからない．

(1) 契約の締結時期

　では，どうなるのだろうか．金銭の借り入れは金銭消費貸借契約（改正後民法587条の2第2項）であるが，改正前の民法では，実際に金が送金されるまでは契約は成立しないものとされていた．だから，改正前であれば，お金を実際にもらうまではやめたと言えたのである．事情があれば金が実際に送金されるまでの諾成的な消費貸借契約も認めていたが（最高裁昭和48年3月16日判決），あくまで借主の保護のためのものとされていた．だから，改正前の民法では，金が入る前なので，契約書に特別の条項がない限り，もういいですと言っても，賠償請求は認められないのが原則である．しかし，改正後民法は，諾成的金銭消費貸借契約も立派な契約だから，守らなければ損害賠償請求が認められることになりそうである．

このような場合，改正前後の民法のいずれが適用されるのかが問題になるのは当然予想できるので，改正後民法は詳細な附則を置いている．

　改正後民法は平成29年に成立したから，平成29年法律第44号附則というのが，改正前後，どちらの規定が適用されるのかについての規定である．

＜改正後民法＞

附則第34条（贈与等に関する経過措置）

　施行日前に贈与，売買，消費貸借（旧法第589条に規定する消費貸借の予約を含む．），使用貸借，賃貸借，雇用，請負，委任，寄託又は組合の各契約が締結された場合におけるこれらの契約及びこれらの契約に付随する買戻しその他の特約については，なお従前の例による．

　「なお従前の例による」というのは改正前の法律が適用されるということである．だからこの場合は改正前の金銭消費貸借の規定が適用され，まだ契約は成立していないということになり，さほど心配することはないということになる．

　大きなポイントとして覚えておくとよいのが，改正後民法の適用は原則契約日基準ということ，契約締結が2020年4月1日より前か後かが基本ということである．契約書の日付を空けたままサインをしたりハンコをついたりして送ってしまう場合があるが，令和2年4月1日をまたぐかどうかは重大な分かれ目になるので，空白のままの契約書は要注意である．そして契約そのものだけでなく，付随する条項も改正前の条文による．

　これは，当事者の行為（意思表示，契約）の時を基準とすることによって，新旧どちらの法律が適用されるかについての当事者の予測可能性を確保するという趣旨で，約束したときの当事者らの意思によるのは法律の規定としてはまっとうなものと考える．

　バックデートした契約書があっても，メールのやり取りなどが残っていて，契約書は改正後の日付になっているが，実際はそれ以前に両方の意見は交わされていて，両当事者はこれをわかって合意して，契約に基づいてことを進めていたと裁判で認定される場合もある．その場合は，改正前の

規定が適用されるし，その逆もある．

　また，保証等以外の自動更新条項がある場合，法律の解釈としては更新時に新たに契約が成立するのだが，当事者間では最初の合意以降，全く意思表示も何も交信すらない場合もある．これなど今後問題になろう．

(2) 債務不履行の時期

　契約上の履行義務がなされないようなトラブル（債務不履行）についても，なすべき債務を記載・意思表示の合致している契約の締結日がいつかで改正前後のいずれが適用されるかが決まる．つまり，令和2年4月1日より前に締結された契約については改正前民法の債務不履行に関する規定が適用され，同日以降に締結された契約については改正後民法の債務不履行に関する規定が適用される（附則17条1項）．実際に債務不履行を起こした時が基準ではないので注意が必要である．契約解除についても同様であり，解除時ではなく契約時が基準となる（附則32条）．

　2年前から多系統変性疾患で入院加療している患者の褥瘡がひどくなり，敗血症を最近起こして死亡した場合，多系統変性疾患への治療という診療契約が令和2年4月1日までに締結されたと考えれば改正前民法が適用されるし，数カ月前の褥瘡の発症についてその治療義務が診療契約として生じたと考えれば改正前民法の適用となる．診療契約が一体何についての契約なのかは実は難しい問題を有しており，今回の債権法改正で顕在化する可能性もある．とりわけ外来診療などでは，初診からあそこが悪いここが悪いと言っているような患者について，あるとき体重減少を訴え，最初は夏バテだとあしらっていたが，胃がんだった，それで死亡したという場合，初診時が診療契約の締結時なのか，体重減少についての主訴があってその点についての診療契約が締結されたと考えるべきか，胃がんについて身体所見などをとって何らかの消化器系のがんの疑いを持つべき時期（体重減少が生ずるかなり前）に診療契約が生じたのかは，あまり明確に解決されうることではない．

　ただし，債務不履行について，契約締結時基準であると言っても，遅延損害金の法定利率は，契約日基準ではなく，履行遅滞時が基準になる．つ

まり，令和2年4月1日より前に履行遅滞，すなわち，金を払う予定日なのに持ってこない場合は改正前民法が適用されて年5％（ビジネス上の商事債権の場合は年6％）となるのは当然であるが，令和2年4月1日以降に支払日が決めてあり，その日になっても払わない，すなわち履行遅滞となった場合は改正後民法が適用されて，民事・商事とも年3％の遅延損害金が生ずる（附則17条3項）．なお，不法行為に基づく損害賠償請求権については，もともと不法行為時に直ちに履行遅滞になると考えられているので，不法行為が起こった時が令和2年4月1日より前か後かが遅延損害金額を決める基準になる．だから，令和2年3月に膵臓がんの疑いで入院し，4月になってERCPを行ったがへたくそな医師がファーター乳頭を突きすぎて急性膵炎を起こしたのに，輸液も検査も怠っていたために5月末に死亡し6月に遺族が医療ミスだと言い立てたケースでは債務不履行構成でも不法行為構成でも改正法で遅延損害金を計算することになる．

　また，保証契約については附従性があるが，保証契約の締結時点が基準となる．例えば令和2年3月下旬に，娘さんが女子医大に入学したので上中里に賃貸期間2年間でワンルームマンションを借り，4月になって入居，父親である先生が上京して4月の4日に部屋をみて保証人欄にハンコをついたが契約書が3月30日になっていた．令和4年3月に賃貸期間満了で賃貸借が終了するのを機に，もっとオシャレなところがいいと代々木上原に引っ越したが，やれ壁のクロスを破いたとか，ベランダの手すりを壊したとかマンション管理会社があれこれ言ってきて，敷金70万円のうち半分も返ってこないとかいうのでトラブルになった場合は，令和2年3月契約だと改正前民法が適用される．改正後のほうが何かと賃借人に有利なので，4月以降の締結を主張したいところであり，弁護士の出番となる．もっとも改正前から裁判実務では改正後民法のような運用ではあった．

　さらに，娘さんが上中里が気に入って，契約更新してあと4年住んで，留年せず晴れて先生の地元の，先生の出身大学の研修医として帰ってきたとしよう．同じようなトラブルになった場合，附則34条2項からは，契

約日基準の例外として，改正後民法604条2項が令和2年4月以後に更新合意がされるときにも適用されると規定していることの反対解釈から更新によっても改正前民法の規定が適用されるという解釈ができる．他方，法務省の見解のように令和2年4月1日以降に賃貸借契約や保証契約について更新合意がなされたときは，当事者はその契約に改正後民法が適用されることを予測しているため，改正後民法が適用される．ただし，賃貸借契約だけが更新され，保証契約については更新合意がなされなかった場合，賃貸借契約の更新後に発生する債務も保証する趣旨で当初の保証契約が継続されていると考えられるので，賃貸借契約の更新合意に伴って保証契約まで新しい契約が締結されたとは解釈できず，当該保証契約については4月1日後も改正前民法が適用されるとしている．確かに改正後民法だと保証契約も極度額の定めがないと無効になるので，大家さん救済のためにやむを得ないことであろう（改正後民法465条の2第2項）．

賃貸借契約のような長期にわたって継続する契約の場合は，かなり先になっても改正前民法を検討する必要が出てくる場合もあるので，比較的よく検討されており上記のように法務省の解釈なども出ているが，企業間取引でよく用いられる基本契約ベースで，個々の発注契約を行うような場合は，具体的な適用ルールが決まっていない．「主治医」的に通院している患者に，健康保険法では初診になるような間隔で疾病がみつかるような場合も基準は明確ではないのだが，企業と医療法人が基本契約をして，産業医の派遣，健康診断，今回の新型コロナワクチン接種などを個別契約で実施したような場合，基本契約が令和2年3月以前に締結され，自動更新条項により更新されている場合に，改正前の法律が適用されるのか改正後なのかは明確ではないのが現実である．今後の裁判例の蓄積によろう．

また，附則に明文がある契約日基準の原則の例外として定型約款がある．定型約款に基づく定型取引契約については，令和2年4月1日より前に締結された契約であっても，令和2年4月1日後は改正後民法が適用される（附則33条1項）．改正前民法には定型約款に関する規定が存しておらず，特に約款変更の取扱いが明確でないため，改正後民法を適用せざるを得ないので，やむを得ない例外とも言える．

例えば，スポーツジムに以前から通っていて，令和2年1月に，ジム経営を行う会社の作成した約款に基づきメンバー契約をしたとしよう．通常は契約時点のジムメンバー約款に事業者の都合で契約条件が変更できるとの変更条項が入っている．

ご機嫌で通っていたが，令和2年冬にコロナで売上げが大幅に落ちたので当該変更条項に基づいて営業時間の大幅な縮小やタオルサービスなどの全面廃止など，契約者である先生に不利に約款を変更したとしよう．契約締結は改正後民法施行前のことなので，改正前民法が適用されそうであるが，この場合，改正後民法の定型約款に関する規定（548条の4第1項）が適用され，不利益変更は無効になる余地がある．上記改正後民法の条文では，約款の変更は，相手方の一般の利益に適合する場合，または，変更が契約の目的に反せず，かつ，諸事情を考慮して合理性がある場合に限って許されるので，売上げが落ちたからと言って緊急事態宣言も出ていないのに一方的に営業時間を大幅に短縮したりサービスを低下させることは無効になる余地がある．今後裁判も多くなると思われる．

（3）消滅時効

もう一つ，かなり将来に改正前後の民法を調べる必要が出てくるのが債権の消滅時効である．時効の項目でも再度説明するが，権利を行使できる時から10年で時効により消滅する改正前民法の規定が，①権利を行使できることを知った時（主観的起算点）から5年間行使しないとき，または，②権利を行使できる時（客観的起算点）から10年間行使しないときのいずれか早い時に時効により権利は消滅することになり，医師の診療債権などの短期消滅時効は廃止され，人の生命・身体の侵害による損害賠償請求権の消滅時効の特例が定められた．

また，時効消滅の阻害事由にも，改正前の「停止」と「中断」から，「完成猶予」と「更新」として再編成され，書面協議による時効の完成猶予（151条），除斥期間概念の廃止など新しい制度が創設された．

さて，消滅時効は，長期間の経過によって，①権利の上に眠っている債権者への制裁，②証拠が散逸するなど正しい判断が裁判で出しにくくな

る，③何も言われていないという現状を維持することがむしろ法的安定性につながる，といった意義から設けられている制度である．当然，何年も経ってから消滅時効の問題が顕在化するので，民法改正によって，消滅時効の適用があるかどうか，相当先の問題になるので注意が必要な事項であると言えよう．

　原則的には，令和2年4月1日の改正後民法施行時以前に，①債権が生じた場合，または，②その発生原因である法律行為がされた場合には，当該債権の消滅時効は改正前民法により判断される（附則10条1項，4項）．つまり，改正後民法の消滅時効の規定が適用されるのは，令和2年4月1日以降に債権が発生し，かつ，その発生原因である法律行為も同日以降にされた場合である．契約についての改正法の適用基準が契約日を基準とするのと同じく，契約締結のための意思表示の時点を基準とすることで，当事者の予測可能性を確保しようとする趣旨とされている．

　例えば，令和2年3月に通院を開始し，かかりつけ医として，保険診療では再診料や，初診扱いにしたこともあったが，最初の高血圧症は保険病名として続いていたような患者が，令和2年4月に高血圧による動脈硬化が原因のアテローム血栓性脳梗塞で寝たきりになり，7年後に寝たきりで生じた褥瘡で敗血症になって死亡したようなケースで，令和2年3月の診療記録を検討した弁護士から，そもそも外来で診ていたとき，高血圧診療の基本として心電図12誘導をとるべきであった，そうすればAfがみつかっていたはずで，それならCHADS2-VascでDOACを投与する義務があった，だから死んだ責任をとれと言ってきたとしよう．家族（今の遺族）はすでに脳梗塞が生じたときに「心房細動をなんでみつけられなかったんだ，脈が飛ぶことは訪問介護のヘルパーさんも気づいていたぞ」などと言っていたとする．この場合，義務違反が認定されたとしても，「損害の発生時」が死亡時か脳梗塞発生時か，義務違反の令和2年4月から10年の債務不履行の消滅時効が適用されるのか，改正後民法の債権者たる遺族が義務違反を知ってから5年の消滅時効なのかが争点となろう．

　附則10条1項の「原因である法律行為」の解釈なども関係してくるかも知れない．このあたりは今後の裁判事例で解釈基準が出てくると思われ

るが，結局は医療側に不利益な基準になることが予想される．

　時効の停止・中断については，停止・中断の事由が発生した時が改正前後の民法適用基準となる（附則 10 条 2 項）．もとの契約発生時ではなく，停止・中断事由が令和 2 年 4 月 1 日より前に発生していた場合は改正前民法，令和 2 年 4 月 1 日以降は改正後の民法をみてねということである．また，新たに設けられた書面での協議合意による時効の完成猶予は，令和 2 年 4 月 1 日以降に書面合意がなされた場合にのみ適用される（附則 10 条 3 項）．

　また，改正後民法で短期消滅時効の規定が廃止されたが，診療費の時効は改正前は 3 年であった．これも算定できることをわかっている時点という主観的起算点から 5 年に変更されている．

　診療行為により死傷の結果が生じた場合（不作為も含む），診療契約上の債務不履行だけでなく，不法行為も根拠とされる．不法行為責任の時効の経過措置は医師側にとって非常に不利益に変更され，経過措置も医療側に不利益な規定となっている．

　特に改正前民法 724 条後段の「不法行為の時から 20 年を経過したときも同様とする．」は最高裁判例上も「除斥期間」とされ，何をしても権利消滅を止められない（だから診療記録は 20 年経てば安心して処分できた）とされていたのが改正後民法の条文で消滅時効と改められた．これについては，令和 2 年 4 月 1 日の時点で 20 年が経過していなければ改正後民法が適用される（附則 35 条 1 項）ので，平成 12 年 4 月 1 日以降の不法行為には改正後民法が適用され，完成猶予・更新の余地があることになるから記録などで有利なものは保存しておく必要があろう．

　通常の物などへの侵害行為，交通事故の物損などの不法行為責任の消滅時効については，被害者が損害および加害者を知った時から 3 年であり，これは内容に変更がない（改正前民法 724 条前段，改正後 724 条 1 号）．しかし，医療で問題となる，人の生命・身体の侵害による損害賠償請求権の消滅時効期間は 3 年間から 5 年間と延長された（改正後民法 724 条の 2）．医師個人が訴えらえる場合の根拠規定なので，これが延長された点は影響が大きい．

　改正後の規定が適用されるのは，令和2年4月1日の時点で3年の消滅時効が完成していない場合（附則35条2項）であるので，平成29年4月以降に被害者が不法行為による損害および加害者を知った場合には改正後民法が適用され，時効期間が5年間になる．

　診療行為の場合は，債務不履行と，不法行為の使用者責任の両方で請求される可能性があるので，注意が必要である（どちらかと言うと訴える側の弁護士が注意するべきポイントであろうが）．例えば，平成30年4月に医療法人立の精神科病院に統合失調症で医療保護入院し，そのまま家族も引きとらず入院継続していたが，令和2年5月に飛び降り自殺し，遺族が安全管理体制の不備だと言って損害賠償請求してきたような場合はどうなるであろうか．

　債務不履行責任の消滅時効であるが，令和2年4月1日後に発生した事故の時点で損害賠償請求権が発生するが，請求権発生の原因である契約は令和2年4月1日より前に締結されているので，改正前民法が適用され，権利を行使することができる時から10年間，つまり，事故日から10年で消滅時効が完成する．

　実は，このあたりは解釈によって変わるかも知れない．診療行為は単に入院ということで，包括的に契約が生ずるものでもなく，通常であれば外科手術などその都度インフォームドコンセントをとるように，一定の診療行為ごとに契約が成立すると捉えることも可能だからである．そうなると改正後民法の適用も十分考えられる．改正後民法が適用される場合，損害賠償請求権の存在を知った時という主観的起算点によると5年で消滅時効となる（改正後民法166条1項1号）し，人の生命・身体の侵害による損害賠償請求権については，損害賠償請求できることを知らない場合でも，契約上の義務違反行為と損害が発生した客観的起算点での時効期間は10年でなく20年となる（改正後民法167条）．

　次に不法行為責任の消滅時効も考えられる．医師個人（709条），使用者である医療法人の責任（715条）も同様である．被害者が不法行為による損害および加害者を知った時から3年という一般原則は改正前後で変わらない．しかし，人の生命・身体の侵害による損害賠償請求権の事案で

は，附則 35 条 2 項に基づいて改正後民法 724 条の 2 が適用され，時効期間は不法行為時，つまり事故の時から 5 年間となり，この例では令和 7 年 5 月 1 日が不法行為の時効完成の時となる．

　今回の改正は，ざくっと言えば，診療行為の場合，主観的起算点では時効完成まで早くなり，客観的起算点は長くなった．患者が手術の結果など，文句を言っている場合は，診療記録にきちんと書いておいたほうがよいかも知れない．

1. 公序良俗

<改正後民法>
第 90 条（公序良俗）
　公の秩序又は善良の風俗に反する法律行為は，無効とする．

<改正前民法>
第 90 条（公序良俗）
　公の秩序又は善良の風俗に反する事項を目的とする法律行為は，無効とする．

　公序良俗など，なかなか大仰な言葉だが，医師が知っておくべき裁判例としては，インフォームドコンセント（IC）の書面などについてであろうか．

　大阪地裁昭和 37 年 9 月 14 日判決（下民集 13 巻 1852 頁）は，まだ IC という言葉すら知られていない時代の裁判例だが，以下のように判旨している．事案は，昭和 25 年頃，小学校 5 年生の少年が肺結核に罹患して，療養に専心させるため被告大阪市の経営する大阪市立少年保養所というところに入所させたが，結核により死亡したというケースである．同所の医師は，空洞が破綻して Gafky 2 号の排菌があったにもかかわらず，当時，そのような結核患者には必須とされていた絶対安静の処置をとらず，患者に食事の配膳室からの運搬，食器の食後の水洗い，食器の冷消毒水による消毒，病棟から 10m の距離にある便所への往復，シビンの後始末などを自らすることなどをさせ，ストレプトマイシンの投与などをしなかった（PAS は投与されていたようであるが耐性菌が疑われていた）．このため患児は医師の過失により死亡したとの認定がされている．

　この際患者側は，患者の症状の経過および転帰などについて一切苦情を言わない旨誓約する書面を差し入れていたが，裁判所は「しかしながら，右誓約の趣旨は，病気には医師の最善の努力にも拘らず不測の事態の生ず

ることのあることを認め，そのような際苦情を言わない，という趣旨のものであると解するのが相当であつて，少年保養所職員の不法行為についてまでもその損害賠償請求権を抛棄するという趣旨をも含むものであるとは到底解せられない．仮りに，そのように解すべきものとするならば，その限度において右誓約は公序良俗に反し無効のものと言わねばならない．」（傍点は筆者による）としている．

　他方，医大など大学の入学金・初年度学費について返還しないという約定（不返還特約）について，平成13年以前の事案について最高裁平成18年11月27日判決（判例タイムズ1232号97頁）は，原審（大阪地裁平成15年11月11日判決 判例時報1882号44頁）は，不返還特約は，大学がその優越的地位を利用して，受験生の窮迫に乗じて一方的に定めたものであって，4月1日より前に在学契約を解除した学生との関係では暴利行為に当たり，公序良俗に反し無効であるとして，授業料などの返還請求を認容した．もっとも最高裁は，不返還特約は原則として公序良俗に反するものではなく，本件においても公序良俗に反しないとしている．

　なおICについては，裁判例の積み重ねでどのような説明内容を行うべきかという点が医師の義務の内容として定立されている．また入学金など返還については，平成13年以降は消費者契約法により学納金のうち入学金は返還されないが1年度の学費などは返還すべきものとされている．医療機関と患者との関係も消費者契約法の適用を受けるので，患者との関係で民法90条の対象となる事案は少ないと思われる．

　公序良俗に反して無効という主張は，あまりにひどいぼったくり契約でもよく主張される．医療機関に対して，品不足に乗じて，PPEを市価の100倍でふっかければ，B to B（事業者同士）でも民法90条が適用されるであろう．

　暴利行為については今回の改正では条文上明文化されなかったが，参議院の附帯決議で「情報通信技術の発達や高齢化の進展を始めとした社会経済状況の変化による契約被害が増加している状況を踏まえ，他人の窮迫，軽率又は無経験を利用し，著しく過当な利益を獲得することを目的とする法律行為，いわゆる「暴利行為」は公序良俗に反し無効であると規定する

JCOPY 498-04898

ことについて，本法施行後の状況を勘案し，必要に応じ対応を検討すること.」とされている.

　さらに消費者契約法は，具体的な類型について明文で消費者の救済を図る規定をどんどん置いている．認知症などの高齢者の消費者被害が増加し，成人年齢も引き下げられ，高校生の年齢でも未成年としての救済ができなくなることから，消費者契約法の平成28年改正および平成30年改正で一定の立法対応が行われた.

改正消費者契約法 第4条

4項　消費者は，事業者が消費者契約の締結について勧誘をするに際し，物品，権利，役務その他の当該消費者契約の目的となるものの分量，回数又は期間（以下この項において「分量等」という．）が当該消費者にとっての通常の分量等（消費者契約の目的となるものの内容及び取引条件並びに事業者がその締結について勧誘をする際の消費者の生活の状況及びこれについての当該消費者の認識に照らして当該消費者契約の目的となるものの分量等として通常想定される分量等をいう．以下この項において同じ．）を著しく超えるものであることを知っていた場合において，その勧誘により当該消費者契約の申込み又はその承諾の意思表示をしたときは，これを取り消すことができる．事業者が消費者契約の締結について勧誘をするに際し，消費者が既に当該消費者契約の目的となるものと同種のものを目的とする消費者契約（以下この項において「同種契約」という．）を締結し，当該同種契約の目的となるものの分量等と当該消費者契約の目的となるものの分量等とを合算した分量等が当該消費者にとっての通常の分量等を著しく超えるものであることを知っていた場合において，その勧誘により当該消費者契約の申込み又はその承諾の意思表示をしたときも，同様とする.

　また，平成30年6月8日に成立し，平成31年6月15日から施行予定の改正消費者契約法（平成30年改正法）は，消費者取消権の適用対象を，① 進学，容姿等に関する願望の実現に不安を抱いている消費者の不安をあおる商法（改正消費者契約法4条3項3号），② 高齢者など判断力の減退した消費者の不安をあおる商法（同5号），③ 霊感商法によって消費者の不安をあおる商法（同6号），④ 消費者の恋愛感情を悪用する恋人商法

など人間関係を濫用する商法（同4号）の4つの被害類型に拡張することを定めている.

　これは，暴利行為論が問題としていた典型的な消費者被害事案である「消費者が合理的な判断をすることができない心理状態にあることを作出ないし濫用して事業者が不必要な契約をさせる不当勧誘事案」（いわゆる「つけ込み型不当勧誘事案」）のうち「不安をあおる告知」「人間関係の濫用」という具体的な被害類型について，消費者取消権を付与する特別規定を設けたものである.

　これらの規定は，医業を行う上では直接参考にならないかもしれないが，医療というのは窮迫状態にある患者を相手にする行為であり，認知症や高齢などで，「約束」や「同意」が「合理的な判断ができない状態」とされる可能性も高い類型であり，患者側弁護士によるこれら規定の濫用の危険が高い.

　悪徳商法からの救済規定が善意の医療に安易に適用されることのないように監視が必要であろう.

JCOPY 498-04898

2. 意思表示の瑕疵

(1) 意思無能力

　民法，とりわけ今回改正された債権法の分野というのは基本的に取引に関する基本法である．取引というのは，誰かが何かを欲しいと思って，持っている相手と交渉して対価を払い，手に入れるという売買契約のような類型が基本である．持っているものがモノであり，その対価がお金ならば売買契約だし，モノ同士なら交換，相手がお金を持っており対価が言う通りに働いてくれる労働力なら雇用，やり方は任せるが結果を出すという対価は請負，お任せするし結果は成行きだがベストを尽くしてねと専門知識や業務をお願いするなら委任といった具合である．その取引においては，当然，当事者がちゃんと取引を理解して行っていることが条文上の効果を生じさせる原則となる．つまり，何を自分がしようとしているかわからない者すなわち意思能力がない者の取引は無効である．

　ところが，そんな原則論は当たり前すぎて，今までは民法の条文に記載されていなかった（当たり前だから反対の学説はないが，戦前の大審院明治38年5月11日判決は意思能力がない者の取引は無効と言っている）．

　そこで，以下の条文が新設された．

＜改正後民法＞
第3条の2
　法律行為の当事者が意思表示をした時に意思能力を有しなかったときは，その法律行為は，無効とする.

　意思能力の有無については，認知症患者を多く扱う医師が，一番知識を持っているはずだし，認定作業も毎日のように行っている．成年後見申立てのための意見書を書いた経験も多数あるのではないか．もっとも，意思能力があるのかどうか，長谷川式で何点からとか，MMSEでどうだとか

といったことが法律の規定に定められているわけではない．解釈すなわち，裁判官の胸先三寸に委ねられている部分がある．

　意思能力とは何かという点について，法律行為すなわち取引をすることの意味をわかることのできる（弁識と言ったりする）能力とする立場と，もう少し primitive に取引に限らず事理を弁識する能力とする立場とがある．

　意思能力がない，「意思無能力」の場合，取引は「無効」である．なかったことになるのである．これは要注意である．患者が待合室にいる，いつもはお嫁さんがついてきているが，今日は一人．重度の認知症で，どの裁判官も意思能力はないと判断するレベル．受付はちょっとぼーっとした子なので，「おじいちゃん，今日は一人？　お薬かなあ？」なんて言って電子カルテを開き，アルバイト医師が「はいはいお薬ね」と言って（一応顔はみたことにする）処方して，受付に渡されて持ち帰る．これは厳密に言えば，処方行為や薬剤の交付を患者にしたことにはならない．診療契約に基づく義務の履行や弁済の受領が無効と評価されるということである．

　成年後見人などが付いていると，無効でなく「取消し」が可能になる（後述する）ので，意思能力がない場合も無効ではなく取消しにするべきとの考え方もある．しかし，意思能力を欠く以上意思はなく，一旦は有効に取引が行われたことを前提とする取消しはなじまないことや，意思無能力者には，成年被後見人と異なり保護する後見人がいないので，取消しの意思表示をすることもできないことなどの理由から，無効という位置付けになっている．

　ただ，コロナウイルスがはやる前に50枚300円で売ったマスクを，薬局が，1箱3,900円になったときに，認知症の男性の自宅に手つかずで置いてあることをいいことに「おじいさん，認知症でしたよね．あの売買は無効なので300円返すから，マスク返してね」と言うことはできない．意思無能力の規定は，無能力者保護のための，表意者側からのみ主張できる相対的無効の規定とされているからである．表意者が認知症である場合は親族などによる無効主張は考えられる．

　一般的に無効の主張には期間制限はないが，給付済みの目的物を返還す

るよう求める不当利得返還請求権は，消滅時効の規定により期間制限があ
りうる.

<改正後民法>
第 13 条
　被保佐人が次に掲げる行為をするには，その保佐人の同意を得なければなら
ない．ただし，第 9 条ただし書に規定する行為については，この限りでない.
一〜九号　（略）
十号　前各号に掲げる行為を制限行為能力者（未成年者，成年被後見人，被保
　佐人及び第 17 条第 1 項の審判を受けた被補助人をいう．以下同じ.）の法定
　代理人としてすること.

　　意思無能力，成年後見，保佐，補助の解説は省くが，民法 102 条の改正
に伴う，取消事由（10 号）の追加が行われている．細かいが，未成年者
（2020 年 4 月 1 日からは 18 歳以上）である患者（大学生）の父親が，交
通事故で高次脳機能障害になり保佐開始決定を受けた場合，父親が保佐人
の同意なしに未成年者の患者の代理人として取引をした場合は取り消せる
ということである．実際に面談していれば，お父さん事故でちょっととい
うことはわかるが，実際は未成年の患者に渡して，お父さんのサインも
らってきてねというケースでは後で取消しということになる場合がある.

（2）心裡留保

<改正後民法>
（心裡留保）第 93 条
1 項　意思表示は，表意者がその真意ではないことを知ってしたときであって
　も，そのためにその効力を妨げられない．ただし，相手方がその意思表示が
　表意者の真意ではないことを知り，又は知ることができたときは，その意思
　表示は，無効とする.
2 項　前項ただし書の規定による意思表示の無効は，善意の第三者に対抗する
　ことができない.

<改正前民法>
第 93 条
　意思表示は，表意者がその真意ではないことを知ってしたときであっても，そのためにその効力を妨げられない．ただし，相手方が表意者の真意を知り，又は知ることができたときは，その意思表示は，無効とする．

　心裡留保という言葉自体は，聞いたことがないと思われるが，条文に書いてある通りである．その効果は無効である．

　新型コロナが流行して自粛前に連れて行ってもらった店で気分がよくなって「いいねー，あんたのところの○○最高だね，うちの患者全員に出したいところだよ．1,000 箱行くか〜，よろしく」と言ったところで，MR が 1,000 箱ほんとに持ってきたら追い返すと思うが，そんなシチュエーションである．しかし，1,000 箱が問屋から運ばれてきたら，ちょっとややこしい．心裡留保の規定は，第三者保護規定がもともとなく，今回は改正がなかった（条文のみ挙げておく）94 条 2 項類推適用による第三者保護などを裁判例では使っていたのだが，今回の改正で善意の第三者の保護規定を創設した．

　例えば先生の言葉を真に受けた MR が薬問屋に 1,000 箱発注して搬送されたケースの問屋のような第三者の主観的要件については，表意者が真意と異なる外観を自ら作出しており，責められるべき事情があって，錯誤や詐欺とパラレルには考えられないことから，善意無過失までは必要なく善意で OK となっており，問屋さんに「うちが○○から 1,000 箱も入れるのは変だとか思って調べればいいだろう，なんで調べなかったんだよ！」と言ったところで，「そんなの知りません」と言われたら難しい．

<改正後民法（改正なし）>
（虚偽表示）第 94 条
1 項　相手方と通じてした虚偽の意思表示は，無効とする．
2 項　前項の規定による意思表示の無効は，善意の第三者に対抗することができない．

(3) 錯誤

　心裡留保は，嘘だとわかっていて意思表示するが相手も嘘だとわかってるよねと言うときの調整規定だが，自分でわかってない場合も多いのではないだろうか．うっかりポチッとクリックしてしまって「しまった」とか，届いてみて確認メールを見返すと「あちゃー，日にちを間違えていた」といったシチュエーションである．このような勘違いは民法の世界では「錯誤」という．

＜改正後民法＞

(錯誤) 第95条

1項　意思表示は，次に掲げる錯誤に基づくものであって，その錯誤が法律行為の目的及び取引上の社会通念に照らして重要なものであるときは，取り消すことができる．
　一号　意思表示に対応する意思を欠く錯誤
　二号　表意者が法律行為の基礎とした事情についてのその認識が真実に反する錯誤
2項　前項第2号の規定による意思表示の取消しは，その事情が法律行為の基礎とされていることが表示されていたときに限り，することができる．
3項　錯誤が表意者の重大な過失によるものであった場合には，次に掲げる場合を除き，第1項の規定による意思表示の取消しをすることができない．
　一号　相手方が表意者に錯誤があることを知り，又は重大な過失によって知らなかったとき．
　二号　相手方が表意者と同一の錯誤に陥っていたとき．
4項　第1項の規定による意思表示の取消しは，善意でかつ過失がない第三者に対抗することができない．

＜改正前民法＞

(錯誤) 第95条

　意思表示は，法律行為の要素に錯誤があったときは，無効とする．ただし，表意者に重大な過失があったときは，表意者は，自らその無効を主張することができない．

　今回の民法改正で，錯誤についてはいくつかの変更ポイントがあるが，一つ目は「動機の錯誤」と呼ばれる類型を条文で明確にしたことである．

　錯誤のパターンとして，うっかりポチっとというのが典型である．クリニックで N-95 マスクを 1,000 枚も買う必要がないのにうっかり 1,000 枚入りの箱を注文してしまったというケースなど，「ほんとうはサージカルマスク 1,000 枚」というココロ，これを「内心の効果意思」と言うが，実際にポチッとした「N-95 を 1,000 枚」という表示行為が「不一致」である場面である．このような場合は，改正前の民法だと無効，改正後は取消しということになり，いやいや要らないんですよと言えば代金を払わなくてよい．

　しかし，秋口にうちも第 2 波到来に備えて COVID-19 受入れ医療機関になろうか，一肌脱ぐかと思って NS-95 を大量発注したら，あっという間に終息し，緊急自体宣言はおろか，WHO が突然終息宣言を出したりして，マスクが届く前に要らなくなったとしよう．

　N-95 を 1,000 枚注文しようとして，N-95 を 1,000 枚注文しているので，内心の効果意思と意思表示はぶれがなく完全に一致している．でも，思っていたのと違うわけであるから，取り消したいよ～と思うであろう．このようなのを「動機の錯誤」と言う．Amazon やマスク屋さんからすれば，そんな勝手な理由で注文をやめられたら困るので，動機の錯誤は原則的には 95 条の錯誤とはならない．しかし，実際にいろいろな場面では動機の錯誤の場合も多く，取引をやめても OK としたほうが，無駄に商品などが動かなくて世の中のためになる場合もある．そこで「表意者が法律行為の基礎とした事情についてその認識が真実に反する錯誤」（95 条 1 項 2 号）として，錯誤取消しの対象としている．

　意思と効果という法律のキホンの話なので学者によっていろいろ言うことが違うため他書では別の視点で書いていることもあると思うが，ザックリと読んでいただきたい．

　これは判例の基準を条文化したものと言われている．裁判例で有名な事件としては，離婚した夫が，財産分与として不動産を妻に手切れ金代わりに譲渡したのだが，不動産譲渡所得税がえらくかかり（安く買った不動産

が値上がりすると，売ったりあげたりしたときに，値上がり分は儲けだね，とばかりに課税される），「思ってたのと違う！ 錯誤だから，あげるのやめた」と言って，別れた奥さんに返してねと裁判を起こしたケースである．裁判所は，「かかる譲渡所得税が課税されないとの認識が真実に反している場合に動機の錯誤に該当する．」として錯誤無効を認めているのがある（最高裁平成元年 9 月 14 日判決 判例時報 1336 号 93 頁ほか）．

95 条 1 項 2 号は「表意者が法律行為の基礎とした事情についてのその認識が真実に反する錯誤」が動機の錯誤と定義しているが，相手は，勘違いしているかどうかは通常わからないし，例えば不便な土地を何でそんな高額で買うのかわからないとしても，そんな値段で買ってくれるなら売っちゃおうかと思うわけだから，これが取り消されると困る．コンフィデンスマンにだまされているかどうかはわからないし．

そこで，2 項で，取消しは「その事情が法律行為の基礎とされていることが表示されていたときに限り，することができる．」としているのである．石油が出ると聞いたので買うといって，ホントは出ない，勘違いだったから取り消すねというなら，「やっぱりね」ということになるのである．

錯誤取消しの要件として，昔からの判例では（大審院大正 3 年 12 月 15 日判決ほか），主観的因果性として「錯誤がなければ表意者はそのような意思表示をしなかった」ことと，客観的重要性として「通常人でもそのような意思表示をしなかった」，言い換えれば，そのような意思表示をしないことが当該取引通念に照らして正当と認められるような事情があることの 2 つが示されていた．

改正後民法でも 95 条 1 項柱書「次に掲げる錯誤に基づくものであって」として，当該錯誤と意思表示の因果関係を要件とし，「その錯誤が法律行為の目的及び取引上の社会通念に照らして重要なものであるときは，」として客観的重要性を要件としている．

先の例では，ほそぼそとやってる皮膚科のクリニックで，N-95 マスク1,000 枚は，うっかりでもなければ買わないだろうし，サージカルマスクと N-95 では値段も意味も違うので，クリニックと問屋の取引通念（最終的には裁判所への説得だが，医療を知らない人がどう思うかではなく，普

通の問屋と医者がどう考えるかである）で要件は何とか満たしていると思われる．しかし，うっかりポチッと押しても，全部取消しができるというのは Amazon も困るので，いろいろ確認画面を表示して，何度か「ホントにいいの??　ホント？　絶対？　間違いない？」と聞いてくる画面を用意している．それだけ聞かれているのに「うぜー」とクリックするあんたがそりゃ悪いだろというケースでは重過失があるとして錯誤の主張が認められない．

改正前民法でも，95 条ただし書で，表意者に重過失があるときは，錯誤無効を主張できないこととされていたが，その例外は解釈問題となっていた．特に，相手方の悪意又は重過失，共通の錯誤の場合である．

改正後民法では 95 条 3 項で，表意者に重過失がある場合，錯誤無効の主張できないことは維持しつつ，その例外規定も設けている．

① 相手方が，表意者の錯誤につき悪意または重過失がある場合

② 表意者と相手方が同一の錯誤に陥っていた場合

である．出入りの医療用品業者が，いつもサージカルマスク，それも 100 枚単位でしか注文しないクリニックから，突然 N-95 を 1,000 枚というファックス注文が入った（実は間違いで 0 を増やしてしまっていた）とき，「ははーん院長，間違えているな」とわかっている場合が①である．このような場合は，相手側を保護する必要がないであろう．また，②は，業者さんもサージカルマスク 1,000 枚だと思って注文を受けていたような場合である．このような場合は，院長に重過失があっても（間違えて注文しているので，過失は当然あるのだが，その過失の程度が「そりゃアカンだろ」という程度かどうかである）取消しが可能である．

さて，錯誤が認められるとして，その効果だが，改正前の民法では「無効」とされていた．何も言わなくてももともとなかったことになるというわけである．例えばツアーや航空機のチケットの予約をクリックしても，何日以内に代金をコンビニや銀行から送金しないと予約が「無効」になるという，あの「無効」である．なかったことになるので，相手さんもなかったこととして粛々と進めていく．ただ，錯誤があるからと言って，取引の相手方が無効を主張できるかという点は問題であった．うっかり要ら

ないはずの N-95 を大量注文したところ, 叔父のやっている病院でクラスター発生, 入手がまた滞っているんだと聞いて, ちょうどいいやと思っていた矢先, 問屋が「あれ, 間違いですよね, よそへ回しますよ」とか言われると困る. もっとも錯誤の規定は, うっかり者を保護しようという規定なので, 解釈上相対的無効といってうっかり者の表意者のみが主張可能なこととされていた. また, 無効はもともとなかったことなので, 何年後でも無効主張ができるのが原則である (もっとも, あまりに虫がいいケースでは民法 1 条 2 項の信義則で制限する余地がある). これも, どうかなということになって, 改正後民法では, 無効ではなく, 表意者が「取消し」ができるという構成を採用している.

　次に, 第三者保護規定が創設されている. 先生が N-95 を注文したものだから, 業者さんがメーカーから仕入れたとしよう. これが錯誤だからと取り消されたら, 問屋はメーカーに返品できるのだろうか. 改正前民法では, 第三者保護規定がないので, 詐欺の 96 条 3 項の規定を類推適用して対応している.

　錯誤は, B to B (事業者同士) や B to C (事業者と消費者) の関係では重要だが, 多くの取引は B to C の関係で行われている. 医療機関 (個人設立も含む) と患者との関係は B to C なので, 消費者契約法の適用もある.

<改正後民法 (改正なし) >
(基本原則) 第 1 条
1 項　私権は, 公共の福祉に適合しなければならない.
2 項　権利の行使及び義務の履行は, 信義に従い誠実に行わなければならない.
3 項　権利の濫用は, これを許さない.

消費者契約法 第 4 条
1 項　消費者は, 事業者が消費者契約の締結について勧誘をするに際し, 当該消費者に対して次の各号に掲げる行為をしたことにより当該各号に定める誤認をし, それによって当該消費者契約の申込み又はその承諾の意思表示をしたときは, これを取り消すことができる.

37

一号　重要事項について事実と異なることを告げること．当該告げられた内容が事実であるとの誤認

（4）詐欺・強迫

＜改正後民法＞
第96条
1項　詐欺又は強迫による意思表示は，取り消すことができる．
2項　相手方に対する意思表示について第三者が詐欺を行った場合においては，相手方がその事実を知り，又は知ることができたときに限り，その意思表示を取り消すことができる．
3項　前2項の規定による詐欺による意思表示の取消しは，善意でかつ過失がない第三者に対抗することができない．

＜改正前民法＞
第96条
1項　詐欺又は強迫による意思表示は，取り消すことができる．
2項　相手方に対する意思表示について第三者が詐欺を行った場合においては，相手方がその事実を知っていたときに限り，その意思表示を取り消すことができる．
3項　前2項の規定による詐欺による意思表示の取消しは，善意の第三者に対抗することができない．

　　詐欺というのは，相手がだますつもりで虚偽情報を告げたり，重要なことを隠していたりするもので，強迫（刑事罰を受ける「脅迫」とは字が違うが概ね同じようなものだと考えておいてもよいが，刑事事件になるよりは緩いものも含む）は，意思を制圧するような態様でサインさせるもので，取消しができる．

　　強迫も，程度が強いと意思表明の自由を完全に奪われた状態として，取消しではなく，意思表示自体が無効になるような場合もある．首にナイフを突きつけてサインさせるようなケースがこれに当たる．

　　今回の改正は第三者による詐欺について改正が加えられている．改正前

は，「相手方がその事実を知っていたときに限り」取り消すことができるとしていたが，改正後民法は，これに加えて，「知ることができたとき」を追加している．オレオレ詐欺とか，「オレオレ，おれ清志！」と電話する役と，実際に物を譲渡される受け子が，連絡が十分でなくても，わかってたとまで言わないけど，その気になればわかったんじゃないの？ で取り消せるというのは当然であろう．第三者による詐欺を，相手方が知りうる場合は保護に値しないことはもちろん，93条の心裡留保でも相手方が知ることができたときには無効となることとの均衡から改正された．

また，代理人（エージェント）や媒介者（ブローカー）による詐欺の場合も，この規定が類推適用される（相手方の代理人による詐欺は判例は101条1項で無効としている）．ブローカーによる詐欺は，消費者契約法5条1項が媒介受託者による不実告知等の場合に取消しができる規定がある．

もう一つの改正は第三者保護規定である．第三者というのは，こんなシチュエーションである．例えば，県立の内科部長先生が，父親のやっていたクリニックの土地を相続し，開業しようかどうしようか考えていたら，すぐ近くで発がん性汚染物質が土壌から大量に出たのでこれからみな立ち退く予定．資材置き場に使いたいので土地を安くで売ってくれとか言われた．安く売ったら，実はこれが大嘘で，本当は駅近で高齢者も多く，循環器内科を専門としている先生にはぴったりだったのにという事案．買い取った怪しい不動産屋は，すぐに別の医師に転売してドロンしていたとしよう．

この別の医者というのが第三者である．改正前民法は，善意（民法の世界では横断歩道でおばあちゃんの手を引いてあげる人というわけではなく，単に「事情を知らない」ことを「善意」という）が要件であったが，改正後民法では善意かつ無過失でないといけないとされた．

この医者があやしい不動産屋とグルならもちろん詐欺取消しをすることができようが，「ぼくはそんなこと知らない」とか言われたら泣き寝入りせざるを得ない．しかし今回の改正で，「先生も少し調べれば，うちが安い値段で売るはずがないでしょ」と言える事情があれば詐欺取消しができるということになった．

3. 意思表示の到達

　読者の先生がたは，書籍を Amazon に注文したり，クリニックでの事務用品を ASKUL などに発注したり，もちろん医薬品の発注を問屋にメールで発注することがあろう．マスクが足りなくなり，医師会からのファックスでマスクの注文票が届いて，必要数を書き込んで返信，または電話でお願いする場合もあるだろう．受診予約を電話で受けたこともあるかもしれない．

　このような行為は，法律上「契約」である．結婚も一種の契約だし，国同士の条約も国家間の契約である．健康保険を用いた診療は，保険者（健保組合）と医療機関，患者の三者の契約である．

　一般に契約をする場合，一方が契約の「申し込み」をして，相手方がこれに OK との意思表示（承諾）を行うことで成立するのが原則である．申し込みや OK あるいは No の返事，ともに「意思表示」と言われる行為である．

　注文したけどシリンジが届いていないから採血ができないぞ！．COVID-19 がはやりだしたのでホテルをキャンセルしたはずなんだが，メールが届いていなかったので，キャンセル料の請求がきた．そんな場合どうなるのであろうか．

　今までの改正前民法には，以下のような規定が置かれていた．

> **＜改正前民法＞**
> **第 97 条**
> 1 項　隔地者に対する意思表示は，その通知が相手方に到達した時からその効力を生ずる．
> 2 項　隔地者に対する意思表示は，表意者が通知を発した後に死亡し，又は行為能力を喪失したときであっても，そのためにその効力を妨げられない．

　改正前は，対話者間の意思表示と，隔地者間の意思表示について区別し

て規定していた．民法制定当時は，隔地者間の注文は，郵便が原則だった
し，届かないケースもそれなりにあったと思われるので，対話者間では
Yes と言った瞬間に契約が成立する規定（発信主義）となっていたのに対
し，隔地者間では返事が届いた時点にはじめて契約成立となっていた．

しかし，民法制定当時とは事情が異なり，隔地者間でもただちに意思表
示は到達するので，隔地者間の意思表示を区別する実益に乏しいことから
統一が図られた．

＜改正後民法＞
（意思表示の効力発生時期等）第 97 条
1 項　意思表示は，その通知が相手方に到達した時からその効力を生ずる．
2 項　相手方が正当な理由なく意思表示の通知が到達することを妨げたときは，
　　その通知は，通常到達すべきであった時に到達したものとみなす．
3 項　意思表示は，表意者が通知を発した後に死亡し，意思能力を喪失し，又
　　は行為能力の制限を受けたときであっても，そのためにその効力を妨げられ
　　ない．

意思表示の到達主義で統一されたのである．

一方，97 条の 2 項のような規定は改正前にはなかった．郵便で返事を
出したが，読んでいない，封を開けていない場合に，契約は成立したと言
えるのだろうか．もちろん，郵便のトラブルで届かなかった場合，電子
メールのプロバイダーのサーバーがダウンしていて届いていないような場
合では到達主義の観点からは，契約は成立したとは言えない．

しかし配達されたのに，ポストの中に置きっぱなしで封を開いていない
ような場合とか，電子メールで迷惑メールにソーティングされたような
ケースではどうだろうか．改正前民法でも，意思表示の「到達」とは，必
ずしも相手が読んだことを要請するものではなく，「了知可能」な状態に
置かれた時と解釈され，相手方の現実の「了知」は不要とされ，支配領域
内に置かれた時で足りると解されていた．しかし，「了知又は了知可能」
はわかりにくいことや，相手方が容易に受領可能であるのに，拒否する場
合があることから，2 項のような規定になった．いわば意思表示の到達擬

制の規定である．「その通知は，通常到達すべきであった時に到達したものとみなす」ととるので，いや，本当に届いていなかったということを証明しても裁判では通用しない．「みなす」というのは，仮に反対の証明があっても，そうだと裁判官が決めつける義務がある（反証を許さない）という意味である．反証すれば否定できる場合は「推定する」という規定になっている．

「正当な理由」についても抽象的な規定なので，今後の裁判例で具体化されるしかないが，相手方が意思表示の内容を知り得ない状況で受領拒否した場合などがこれに当たるのではないかとされている．

「妨げた」というのは，作為・不作為を含む規定であり，不在通知によって書留や内容証明郵便が送付されたことを知ったのに，受領に必要な行為をしない場合などがこれに該当する．どうせ請求書だろうと，郵便局に書留をとりに行かなかったような場合，逃げられない．

97条3項については，改正前民法の97条2項は，意思表示の通知を発した後に死亡，行為能力の喪失でも，意思表示の効力は妨げられない，となっていたが，行為能力の喪失というのは成年後見の開始であり，それ以外に保佐や補助といった行為能力の制限規定が置かれたので（読者の中には診断書や主治医意見書を書いたことがある方もいるのではないか），条文が整理された．

似たような変更であるが，98条の2が変更されている．

＜改正前民法＞
第98条の2
　意思表示の相手方がその意思表示を受けた時に未成年者又は成年被後見人であったときは，その意思表示をもってその相手方に対抗することができない．ただし，その法定代理人がその意思表示を知った後は，この限りでない．

となっていたが，この規定は未成年者，成年被後見人のみについての規定で，改正法で明文にとり入れられた意思無能力などについては触れていない．

JCOPY 498-04898

＜改正後民法＞

(意思表示の受領能力) 第98条の2
　意思表示の相手方がその意思表示を受けた時に意思能力を有しなかったとき又は未成年者若しくは成年被後見人であったときは，その意思表示をもってその相手方に対抗することができない．ただし，次に掲げる者がその意思表示を知った後は，この限りでない．
一号　相手方の法定代理人
二号　意思能力を回復し，又は行為能力者となった相手方

　改正法では，意思能力の明文化により，意思能力を欠く状態では，意思表示の受領能力がないことを明文化した．これも，医療機関としてはちょっと困る場合がある．外来通院していた，あるいは退院した重度認知症の患者に未収金の請求を行うような場合に，患者本人宛にいくらレターを出したり，電話をしたりしても，重度認知症だと請求したことにもならないということである．未成年の法学部生でも同じなので，保証人や親権者の連絡先は絶対に確保しておく必要がある．

4. 代理

　代理というのは英語で言うと「エージェント（agent）」である．プロ野球の年俸交渉で選手が agent を立てるということも大リーガーでは当たり前だろうが，最近でも，そんなに一般的ではない．一方で芸能界では，事務所という agent を通しての交渉が一般的である（事務所名を「〜エージェンシー」とする名前の芸能プロダクションがある）．契約は法律行為なので，本来は業として法律事件の代理をするのは弁護士に限られるはずだが（弁護士法 72 条）意外に問題になっていない．契約も芸能事務所が契約主体なら弁護士法違反の問題は生じないが，芸能人を雇用していると最低賃金法や労働基準法上の問題が生じてくるはずである．法的には代理業の側面はあると思う．世の中にグレーゾーンやチャコールグレーゾーン（法廷の暗さではブラックにしかみえない）は多い．

　さて，クリニックや病院の実務でも，代理というのは銀行の窓口に事務職員にお使いに行ってもらうのが該当しそうであるが，実はこのような行為は，事務職員を代理ではなく，単なる使者として法的に構成していたり，商法 26 条の店舗使用者の代理人の規定を類推して法令上認められた代理人として考えるので，これも問題にされていない．使者は単なるお使いで代理は判断できる権限を持っているような場合を言う．

　一方，医療機関は代理人と取引することも実は多い．89 歳の肺炎の患者が，救急搬送されたとしよう．入院申込書は息子のお嫁さんが書く．お嫁さんは代理人として書類に記載している．手術などの侵襲的行為や臨床研究などで，代諾者として親族がサインすることもしばしばあるが，代諾者は GCP 規則などを除いて法的には特に定められていない．未成年者の場合は，親権者が法定代理人として条文上定められている．親権者についての代理権を定めた規定は，「子の監護及び教育をする権利を有し，義務を負う．」（民法 820 条）という条文と，「親権を行う者は，子の財産を管理し，かつ，その財産に関する法律行為についてその子を代表する．」（民

法824条本文）という条文である．入院契約や診療契約は親権者が身上監護の代理人として契約を締結する．

　一方で，成年後見の場合には，成年後見人に手術などの同意権はないとするのが一般的な見解である．しかし，未成年に身上監護で両親の同意権を認めるのであれば，成年後見人にも身上監護義務があるので，同意権があると解釈してもよいように思える．診療実務では，成年後見が付されていない認知症高齢者の延命中止なども親族の意向で行っているが，これも本来はグレーゾーンである．

　さて，代理というのは，通常の取引関係でも多用される．会社の場合は，社長は代表取締役として会社法人の代表＝包括代理権を有するが，社長以外は，会社法などの規定で一定の代理権が付与されているから会社は回っている．その代理人がだまされた，あるいはだました際の本人の責任などが民法に詳しく記載されており，今回の改正で一部条文が変わった．ほとんどは裁判実務追認である．

＜改正後民法＞
（代理行為の瑕疵）第101条
1項　代理人が相手方に対してした意思表示の効力が意思の不存在，錯誤，詐欺，強迫又はある事情を知っていたこと若しくは知らなかったことにつき過失があったことによって影響を受けるべき場合には，その事実の有無は，代理人について決するものとする．
2項　相手方が代理人に対してした意思表示の効力が意思表示を受けた者がある事情を知っていたこと又は知らなかったことにつき過失があったことによって影響を受けるべき場合には，その事実の有無は，代理人について決するものとする．
3項　特定の法律行為をすることを委託された代理人がその行為をしたときは，本人は，自ら知っていた事情について代理人が知らなかったことを主張することができない．本人が過失によって知らなかった事情についても，同様とする．

　旧法でも解釈上同じであるので，改正後民法を読めばよいが，代理人が勘違い，だまされていたといったときは，代理人によって決するという条

文である．例えば，おじいさんが息子に，代わりに病院の個室料の説明を聞いておいてくれといった場合に，息子が1カ月3万円だと勘違いしてサインしたが，実は1日3万円だったような場合，錯誤を理由に取り消せる場合がある（説明が誤解を招くような場合．民法だけでなく消費者契約法などでも適用される）．一方で，契約当事者であるおじいさんは，以前から何度も1日3万円の個室に何度も入っており「やはり高い部屋は眺めがよいわい」などと言っていれば，それは通用しないという条文である．

> **<改正後民法>**
> **（代理人の行為能力）第102条**
> 制限行為能力者が代理人としてした行為は，行為能力の制限によっては取り消すことができない．ただし，制限行為能力者が他の制限行為能力者の法定代理人としてした行為については，この限りでない．

この規定は旧法から変更がある．旧法では以下のようになっていた．

> **<改正前民法>**
> **第102条**
> 代理人は，行為能力者であることを要しない．

これは実は切実な問題である．老老介護が多くなってきた現在，肺炎でダウンしたおじいさんを連れてきたおばあさんが認知症なんてことはしょっちゅうあることである．ただ，ここでの制限行為能力者は，成年後見が付されているなどしている人を言う．認知症で実際にはとてもサインする能力がない場合でも，直接この条文には該当しない．

改正前民法102条は，代理人が制限行為能力者であっても，代理人としてした行為については，行為能力の制限を理由に取り消すことができないことを規定したものと理解されていたが，条文からは明確ではないので今回改正された．

また，改正後民法102条本文の規定だけでは，法定代理の場合であっ

ても，制限行為能力者が他の制限行為能力者の法定代理人としてした行為
を取り消すことができないことになり，本人保護が十分でないので，法定
代理の場合には，本人保護の見地から，代理人の行為能力の制限を理由に
取消しを認めるべく，民法102条ただし書が設けられ，民法5条2項な
どで取り消せることになった．

　制限行為能力者が他の制限行為能力者の法定代理人になりうることは，
条文（改正前民法847条，同法876条の2第2項および同法876条の7
第2項）からできそうであるが，家庭裁判所が認めるとも思えない．あ
わせて，13条や120条の修正もなされているが，今回は省略して次にい
く．

<改正前民法>
第105条
1項　代理人は，前条の規定により復代理人を選任したときは，その選任及び
　　監督について，本人に対してその責任を負う．
2項　代理人は，本人の指名に従って復代理人を選任したときは，前項の責任
　　を負わない．ただし，その代理人が，復代理人が不適任又は不誠実であるこ
　　とを知りながら，その旨を本人に通知し又は復代理人を解任することを怠っ
　　たときは，この限りでない．

　復代理人というのは，例えばおじいさんの入院について息子さんがサイ
ンしたが，入院後は全くこないで，そのお嫁さんが息子から言われてきて
いるような場合を考えてみればよい．おじいさんは入院前は息子に頼むと
言っていたので息子は代理人と考えてよいだろう．しかし，お嫁さんは，
おじいさんが入院してすぐ意識を失い，ちょうど実家に帰っており，息子
に言われて入院後に駆け付けたので，おじいさんからの直接の代理権はも
らっていない．

　おじいさんが，ABPCがよく効いて肺炎から生還したあとで，「お前の
嫁はとんでもない．入院中もあれやこれやと注文を付けて病院に迷惑をか
けたぞ」と息子を叱るのが1項である．代理人である息子がお嫁さんを
復代理人として選任したのである．

　その一方で，おじいさんが，入院時に息子に対して「入院したら，頼む
ぞ，お前が忙しいなら，代わりにいとこのA子をよこせばよいから」な
どと言っていた場合，A子がやらかしても，息子は「おやじがA子に頼
めと言ったからじゃん」と言えるというのが2項本文，A子が最近うつ病
に罹患しており，ほとんど看病にこれないことがわかっていながら息子が
おじいさんに言っていなかったとすれば，ただし書の規定から「なんで言
わないんだ」と息子がおじいさんに叱られるということである．

　なお，復代理人については，

<改正後民法>

第106条

2項　復代理人は，本人及び第三者に対して，その権限の範囲内において，代
　　理人と同一の権利を有し，義務を負う．

ということである．

<改正後民法>

第107条

　代理人が自己又は第三者の利益を図る目的で代理権の範囲内の行為をした場
合において，相手方がその目的を知り，又は知ることができたときは，その行
為は，代理権を有しない者がした行為とみなす．

　これは，事務職員に待合室の雑誌を買っておくように頼んでおいたら，
過激なBL系のコミック誌ばかり買ってきたようなケースである．書店の
店員も実は事務員と昵懇で，事務員がBL好きで，「クリニックの経費で
買っていいのかよ」なんて言っていたケースを考えるとわかりやすいだろ
うか．

　このような事務員の行為は，待合室用の雑誌を購入するということが代
理権の範囲で，実際に雑誌を購入しているので代理権の範疇であるが，明
らかに目的が自分の趣味でクリニックのためではないので，「濫用」と呼
ぶ．代理権の濫用については，無権代理と異なり，代理権の範囲内である

ことから，原則として，有効に本人に代理行為の効果が帰属すると一般的に理解されている．普通は本屋からの請求書には払わないといけない．

もっとも，相手方が，代理人の権限濫用の意図を知り，または知ることができた場合にまで，本人に効果帰属させて相手方を保護する必要はなく，改正前の判例では，民法93条ただし書が類推適用され，代理行為は無効となるとしていた（最高裁昭和42年4月20日判決 民集21巻3号697頁，最高裁昭和47年4月4日判決 民集26巻3号373頁など）．

これを代理の規定に条文として新設したのが本条である．代理権の濫用に該当して無権代理となる旨の立証責任は本人が負う．具体的には，本人は，① 代理人が代理行為を行うにあたって自己または第三者の利益を図る目的を有していたこと，② 相手方が，代理人に①の目的であることを知りまたは知ることができたとの評価根拠事実を主張立証しなければならない．本屋の店員が，事務員のたくらみを知っていたことの証明は院長先生がしないといけない．

また，相手方が，代理権の濫用につき，知りまたは知ることができた場合，代理行為の効果が否定される根拠については，判例のように民法93条ただし書の類推適用による無効ではなく，無権代理行為とみなす旨規定された．

無権代理行為というのは，代理権がないのに，代理人と称して取引をした場合，原則として，本人に代理行為の効果が帰属しない．代理権濫用でも同様である．しかし，本人は，民法113条に基づき，権限濫用行為を追認することができる．「しゃあない，BL本はクリニックで引き取るよ」と言える．また，相手方は，本人に対し，民法114条に基づき，追認するかどうかの確答を求める催告をすることができ，本人が期間内に確答しない場合には，追認拒絶したものとみなされる．

また，相手方は，無権代理人に対し，民法117条に基づき，無権代理人の責任を追及できる．すなわち，店員が「おいおい，院長先生，こんな本，駄目だとさ．あんたが買い取ってよ！」と発注した事務職員に詰め寄るという顛末である．

＜改正後民法＞

第108条

1項　同一の法律行為について，相手方の代理人として，又は当事者双方の代理人としてした行為は，代理権を有しない者がした行為とみなす．ただし，債務の履行及び本人があらかじめ許諾した行為については，この限りでない．

2項　前項本文に規定するもののほか，代理人と本人との利益が相反する行為については，代理権を有しない者がした行為とみなす．ただし，本人があらかじめ許諾した行為については，この限りでない．

　　臨床研究の分野では，臨床研究法の制定などをみてもわかるように，利益相反（COI）がさかんに論じられるようになった．自己取引や双方代理が利益相反の基本規定であり，弁護士の職務規定でも利益相反についてはさまざまな規定が置かれている．米国流の臨床倫理のテーマでも，多くは利益相反が解決されるべき課題になっているとは承知の通りであろう．

　　改正前民法では，利益相反行為のうち，その典型である自己契約および双方代理につき，本人の利益が害されるおそれが高いことを理由として，原則として禁止する規定があった（改正前民法108条）．そして，同条に違反してなされた行為については，無権代理となるとしていた（最高裁昭和47年4月4日判決　民集26巻3号373頁）．また，その他の利益相反行為については，明文はないが，改正前民法108条の趣旨に準拠して無効とされていた（大審院昭和7年6月6日判決　民集11巻11号1115頁）．

　　改正後民法では，判例法理である代理人が民法108条に違反して行った自己契約および双方代理が無権代理となるとしている点についても明文化し，108条本文で規定した．

　　その他の利益相反行為についても，本人の許諾を得た場合を除き，無権代理とみなすことが明文化され，民法108条2項が新設された．利益相反行為の該当性は，代理人の意図や動機，行為の結果等の具体的な事情とは関係なく，代理行為自体を外形的・客観的に考察して，その行為が代理人にとっては利益となり，本人にとっては不利益となるものであるかによって判断されると解されている（最高裁昭和42年4月18日判決　民集

21巻3号671頁）ことも注意したほうがよいだろう．患者のためを思っての投薬も，その薬のメーカーから多額の講演料をもらっていた場合，痛くもない腹を探られるのも道理である．

　なお，代理人が主観的には自己の利益を図る目的で行ったが，その行為自体を客観的にみると利益が相反するとは言えない場合は利益相反行為に当たらず，代理権濫用の問題とされ，改正後民法107条の要件の下で本人保護が図られることになる．

＜改正後民法＞
第109条
2項　第三者に対して他人に代理権を与えた旨を表示した者は，その代理権の範囲内においてその他人が第三者との間で行為をしたとすれば前項の規定によりその責任を負うべき場合において，その他人が第三者との間でその代理権の範囲外の行為をしたときは，第三者がその行為についてその他人の代理権があると信ずべき正当な理由があるときに限り，その行為についての責任を負う．

　表見代理の規定である．代理権がないのに，あるように振る舞った者と取引した場合，残念ながら取引の効果は生じないのが原則だが，気の毒な場合は保護がある．代理権があると信ずるに相当な理由があり，そんな代理権があるような外観を作るのに本人が無関係とは言えないような場合である．

　改正前の109条（改正後109条1項）は，代理でもないのに代理と表示させていた場合である．例えば医療法人理事長が病気で入院し，大学の助教をしている息子に週3回手伝いにこさせたとしよう．院長でもないのに院長先生と呼ばせていたら，取引先は院長と称してドラ息子が購入したエコーの代金を法人は払わねばならない．また改正前110条は，薬剤部長兼副院長として薬剤の購入権限を与えていたのに，新病院建設の工事契約書にサインした場合である．さらに改正前112条（改正後112条1項）は，元院長が法人の院長として銀座で豪遊したような場合である．

　改正前民法109条は，代理権授与表示はされたものの代理権を有しない

者が表示された代理権の範囲外の行為をした場合についての明文規定がなかった．判例は，109条と110条の両方が適用される（重畳適用という）と認めていた（最高裁昭和45年7月28日判決　民集24巻3号1203頁）が改正で明文化された．

　表見代理が認められるためには，第三者の主観的要件として，① 代理権授与の表示に対応する部分につき，代理権がないことにつき，悪意または有過失であること，および，② 表示された代理権の範囲を超えていることにつき，代理権の範囲内と信じたことに正当な理由があることの2点を充足する必要がある．

　このうち，①については，表見代理の成立を否定する本人が，第三者が悪意または有過失であることの立証責任を負うのに対し，②については，表見代理の成立を主張する第三者が正当理由の存在についての立証責任を負う．

＜改正後民法＞

第112条

1項　他人に代理権を与えた者は，代理権の消滅後にその代理権の範囲内においてその他人が第三者との間でした行為について，代理権の消滅の事実を知らなかった第三者に対してその責任を負う．ただし，第三者が過失によってその事実を知らなかったときは，この限りでない．

2項　他人に代理権を与えた者は，代理権の消滅後に，その代理権の範囲内においてその他人が第三者との間で行為をしたとすれば前項の規定によりその責任を負うべき場合において，その他人が第三者との間でその代理権の範囲外の行為をしたときは，第三者がその行為についてその他人の代理権があると信ずべき正当な理由があるときに限り，その行為についての責任を負う．

　同様に，代理権の消滅後に代理人が代理人と称して，従前の代理権の範囲に属しない行為をした場合，改正前民法112条と110条の重畳適用を肯定するのが判例である（最高裁昭和32年11月29日判決　民集11巻12号1994頁）が改正法はこれを明文化した．

　代理人が消滅前の代理権の範囲を超えて代理行為をした場合，表見代理

が成立して相手方が保護されるためには，①「代理権の消滅の事実」について善意無過失であったことに加え（改正後民法112条1項），②消滅した代理権の範囲を超えていることにつき，代理権の範囲内と信じたことに正当な理由があることも必要である（改正後民法112条2項）.

　このうち，①については，善意は相手方が，有過失については本人が立証責任を負う．また，②については，表見代理の成立を主張する第三者が正当理由の存在についての立証責任を負う.

＜改正後民法＞
第117条
1項　他人の代理人として契約をした者は，自己の代理権を証明したとき，又は本人の追認を得たときを除き，相手方の選択に従い，相手方に対して履行又は損害賠償の責任を負う.
2項　前項の規定は，次に掲げる場合には，適用しない.
　一号　他人の代理人として契約をした者が代理権を有しないことを相手方が知っていたとき.
　二号　他人の代理人として契約をした者が代理権を有しないことを相手方が過失によって知らなかったとき．ただし，他人の代理人として契約をした者が自己に代理権がないことを知っていたときは，この限りでない.
　三号　他人の代理人として契約をした者が行為能力の制限を受けていたとき.

　無権代理人の責任についての規定である．自分の趣味でBL雑誌を待合室用にと買ってしまった事務員の話の顛末である．物品の購入の場合は履行責任と損害賠償責任はあまり差がないが，芸能人の代理人として，勝手に学園祭にこさせてやるなどとやってしまった場合は，本当に公演にこさせるか（履行責任），ポスター差し替えとかいろいろな費用を弁償するのか（損害賠償責任），学祭主催者側の意向通りにする義務があるということである．もちろん本当にこさせられないなら損害賠償のみである.

　改正後民法117条2項2号については，相手方に過失があっても，無権代理人が代理権の不存在について悪意すなわち知っていた場合には相手

方は無権代理人の責任の成立を主張できる．改正前は，相手が過失で代理
権がないことを知らなかった場合は，無権代理人は代理権なんかないこと
を知っていても責任をとらなくてよい規定であったが，改正で無権代理人
の責任を追及できる範囲が広くなっている．

　なお，相手方の過失について無権代理人が立証責任を負うが，無権代理
人が代理権の不存在について知っていたということは相手方が立証責任を
負う．

JCOPY 498-04898

5. 取消し

　民法はいろいろな法律行為（契約を念頭におくとわかりやすい）について取消しの規定を定めている．契約書に判をついても「やっぱりやめる」が通る場合も多いのである．未成年で親の判子がない場合，エコーを買ったが営業マンの言っていた機能が嘘で全く使いものにならない場合なんかは想定できるだろう．

　改正による変更点としては，従来は無効とされていた錯誤が取り消しうる行為に変わったことに合わせての変更（120 条 2 項）であるが，「無効」というのは，特に何も言わなくてももともと契約の効力が生じていないケース，「取消し」は一旦有効に成立しているが，「取り消すぞ」と言えば効果が「最初からなかった」ことになるものである．120 条 1 項は，例えば高校生のお父さんが統合失調症で成年後見人が付いているような場合，お父さんが銀行員の勧誘に負けて，親権者として高校生の息子を代理して高校生の息子の預金（亡くなった母親が生命保険の受取人を息子にしていた）を投資信託にする契約したとしよう．お父さんや，お父さんの成年後見人は投資信託契約を取り消すことができるが，お父さんが銀行員の半沢君には昔，世話になったんだと取消しをいやがっている場合でも，息子本人も取り消せることが明記された．

<改正後民法>

第 120 条

1 項　行為能力の制限によって取り消すことができる行為は，制限行為能力者（他の制限行為能力者の法定代理人としてした行為にあっては，当該他の制限行為能力者を含む）又はその代理人，承継人若しくは同意をすることができる者に限り，取り消すことができる．

2 項　錯誤，詐欺又は強迫によって取り消すことができる行為は，瑕疵ある意

思表示をした者又はその代理人若しくは承継人に限り，取り消すことができる．

<改正前民法>
第120条
1項　行為能力の制限によって取り消すことができる行為は，制限行為能力者又はその代理人，承継人若しくは同意をすることができる者に限り，取り消すことができる．
2項　詐欺又は強迫によって取り消すことができる行為は，瑕疵ある意思表示をした者又はその代理人若しくは承継人に限り，取り消すことができる．

　　取消しというのは「もともとなかったことにしてね」ということだから，原状回復といって，受け取ったものを返したりといったことが必要になる．一般的には不当利得といって，取消しがあることを知らなければ現状で，知っていれば利息を付けて返す必要がある．今回の改正では，その特則が設けられた．

<改正後民法>
第121条
取り消された行為は，初めから無効であったものとみなす．

第121条の2
1項　無効な行為に基づく債務の履行として給付を受けた者は，相手方を原状に復させる義務を負う．
2項　前項の規定にかかわらず，無効な無償行為に基づく債務の履行として給付を受けた者は，給付を受けた当時その行為が無効であること（給付を受けた後に前条の規定により初めから無効であったものとみなされた行為にあっては，給付を受けた当時その行為が取り消すことができるものであること）を知らなかったときは，その行為によって現に利益を受けている限度において，返還の義務を負う．
3項　第一項の規定にかかわらず，行為の時に意思能力を有しなかった者は，その行為によって現に利益を受けている限度において，返還の義務を負う．行為の時に制限行為能力者であった者についても，同様とする．

<＜改正前民法＞

第121条

　取り消された行為は，初めから無効であったものとみなす．ただし，制限行為能力者は，その行為によって現に利益を受けている限度において，返還の義務を負う．

　取り消される契約が，贈与のような無償契約と売買のようなお金を払う有償契約によって，原状回復義務の範囲が変わることになっている．無償行為の場合は「現存利益」にとどまる．有償行為については，現物の返還が不可能なとき，原則価額償還義務を負う．意思無能力，制限行為能力者の返還義務の範囲も「現存利益」に限定されている．

　現存利益とは，例えば，開業医Aが友人の開業医Bに対し，自分が膵臓がんに罹患していると思い，自分のクリニックにある100万円相当のエコー機器を贈与し，引き渡された．その後，Aは膵臓がんだと思っていたのはIPMNだとわかったので，贈与契約を取り消したとしよう．取消しが認められるかどうかがまず問題となるが（動機の錯誤），できるとして考えてみる．Bはエコー機器をもらってまもなく渡米していた息子が後を継ぐと言って帰国したので，改築することにし，エコーも新しい機種に入れ替えようと，そのもらったエコーを50万円で中古屋に売却して，その分の現金は残っていた．

　このような場合，「現存利益」とは50万円の売買代金である．もちろん，Bがエコー機器を引き渡された時点でAが膵臓がんだと言っているのはIPMNだと知っていれば，50万円では足りないのでエコーそのものを返さなければならないのが，無理なら100万円に利子を付けて返すということになる．

　今回の改正でも，121条の2の原状回復義務については，まだ解釈の余地が残っている．例えば価値1,000万円のエコー機器を代金1,000万円で売買したとして，買主がRealtime 3Dできると思っていたが，プローベの動かし方でタイムラグが大きく使えないと思い，錯誤を理由に取り消したが，地震で壊れてしまっていた（不可抗力）．このような有償契約の場

合，取消しが認められたとして，価額償還義務の有無については明文がない．第2項の反対解釈で，有償契約においては原則価額償還義務があると考えるのが自然であろう．

しかし，売主が錯誤理由を知らない（取消し理由を知らない）場合は，現存利益に限るとの考えもあるようである（改正の中間試案はそのような条項であった）．

その他，業者が誇大広告をしていて買主がだまされていたようなケースなども，実は解釈の余地がある．いわば詐欺の加害者である売主からの給付は不法原因給付（民法708条）に当たるから，買主はエコーの返還義務も，価額償還義務も負わないという考え方もある．

このあたりは，医療側が売主になるケースでは，さらにリアルな問題となっている．メディカルエステでヒドロキノン配合の美白化粧品みたいなものを売ってたりするが，消費者契約法・特定商取引法で，消費者契約法に基づく取消しの場合や，特定商取引法に基づく取消しの場合に，給付の時に取消原因を知らなかったときは，取消しをした者の返還義務の範囲を現存利益に限定するものとされている（消費者契約法6条の2，特定商取引法9条の3第5項など）．金は返さないといけないが，使っちゃったと言われたら，化粧品はとられ損となる．

返還する場合も受領時からの利息や果実（受けとった物が生み出した利益．例えば柿の木なら実，マンションなら賃料のことを指す）の返還義務を負うかも解釈の余地があるが，民法545条2項，3項解除の場合は，利息や果実の返還義務を負うので，そう考えるべきであろう．

122条は改正によって何の影響もない条文だが，取り消しうるが，それでもこのままでいいという追認という行為によって第三者の権利を害することはできない，とされている（122条ただし書）．しかし，追認は取消しがされないことが確定するだけで，もともと法律行為は有効であって，これによって第三者の権利を害する事態は生じないので，122条ただし書は適用場面のない条文ということで削除された．

＜改正後民法＞
第122条
取り消すことができる行為は，第百二十条に規定する者が追認したときは，以後，取り消すことができない．

＜改正前民法＞
第122条
取り消すことができる行為は，第百二十条に規定する者が追認したときは，以後，取り消すことができない．ただし，追認によって第三者の権利を害することはできない．

ここで，追認についてみておこう．まずやり方である．相手方に言う必要がある．周りに「もうあれでいいと思ってるんだ」と言っているだけでは効果は生じない．

＜改正後民法（改正なし）＞
第123条
取り消すことができる行為の相手方が確定している場合には，その取消し又は追認は，相手方に対する意思表示によってする．

追認の要件として，取消しの原因となっていた状況が消滅した後にすることに加えて，判例は，これに加えて，追認をする者が取消権を有することを知っていることも必要であるとしていた（大審院大正5年12月28日判決 民録22輯2529頁）ので，これが明文化されている．

また，成年被後見人，保佐人，補助人等は，制限行為能力者と呼ぶが，これらのうち，成年被後見人は，成年後見人の同意を得ても追認はできないが，被保佐人，被補助人は，保佐人，補助人の同意を得て追認可能とされている．成年後見が付いているケースはよくあるが，保佐や補助の場合，どこまで本人の同意でよいか結構難しい．

医療上の侵襲行為の同意は，基本的に本人以外はできない（費用の点については本人がした無効な診療契約の締結についての追認ができるし，事

前なら成年後見人の同意で足りる）とされている.

<改正後民法>
第124条
1項　取り消すことができる行為の追認は，取消しの原因となっていた状況が消滅し，かつ，取消権を有することを知った後にしなければ，その効力を生じない.
2項　次に掲げる場合には，前項の追認は，取消しの原因となっていた状況が消滅した後にすることを要しない.
　一号　法定代理人又は制限行為能力者の保佐人若しくは補助人が追認をするとき.
　二号　制限行為能力者（成年被後見人を除く.）が法定代理人，保佐人又は補助人の同意を得て追認をするとき.

<改正前民法>
第124条
1項　追認は，取消しの原因となっていた状況が消滅した後にしなければ，その効力を生じない.
2項　成年被後見人は，行為能力者となった後にその行為を了知したときは，その了知をした後でなければ，追認をすることができない.
3項　前二項の規定は，法定代理人又は制限行為能力者の保佐人若しくは補助人が追認をする場合には，適用しない.

　このような意思表示による追認は，まだ争いが少ないと思われるが，追認した気はない（取り消す気持ちが続いている）のに追認とみなされる行為がある.　これが法定追認である.

<改正後民法>
第125条（法定追認）
　追認をすることができる時以後に，取り消すことができる行為について次に掲げる事実があったときは，追認をしたものとみなす.　ただし，異議をとどめたときは，この限りでない.
　一号　全部又は一部の履行

JCOPY 498-04898

二号　履行の請求
三号　更改
四号　担保の供与
五号　取り消すことができる行為によって取得した権利の全部又は一部の譲渡
六号　強制執行

<改正前民法>
第125条
　前条の規定により追認をすることができる時以後に，取り消すことができる行為について次に掲げる事実があったときは，追認をしたものとみなす．ただし，異議をとどめたときは，この限りでない．
一〜六号　同上

　法定追認の場合，追認のときと異なり，取消権を有することを知っている必要はないとされている（大審院大正12年6月11日判決 民集2巻396号）．

　取消し可能な法律行為の内容を実現するための行為が一部でもなされたことから，これに対する相手方の信頼を保護し，法律関係を安定させる必要性がより高いためと理解されている．

　しかし，代金を一部支払ったら取り消せないというのは，購入した医療機器が予想通りの性能ではなく，取り消せるとわかった上ならともかく，知らないで代金を払ったのなら酷ではないか．そこで，125条「前条の規定により」が削除されたので，「前条の規定により」があると，124条が改正され，追認の要件として取消権の存在を認識していることが明文化されたので，判例を変更し認識が必要という理解になるとの解釈論が主張されているが，従前の判例と同じという考えも有力である．

<改正後民法（改正なし）>
第126条
　取消権は，追認をすることができる時から五年間行使しないときは，時効によって消滅する．行為の時から二十年を経過したときも，同様とする．

　例えば，50歳後半で，次の院長もいやな奴だし開業しようと思い立ったとしてみよう．「とってもいい居抜き物件，好立地で，相場より高いが他の競合クリニックは3駅先までありませんよ」と不動産屋の営業マンと，そいつとグルのコンサルにだまされて高い駅前の土地を買ったが，実は両隣の駅と，買った土地のある反対側の駅出口に競合する大規模クリニックが予定されていて，そこも同じ不動産屋が仲介していた．これは詐欺取消しを考えるところだが，だまされたとわかって（競合クリニックがオープンして，悪徳不動産屋のチラシに仲介事例と記載してあったとしよう）から5年，すでに開業して，やっぱり患者が入らずコロナ禍もあって銀行からの借り入れも返せず，自宅も売らねば，子供の学費も妻の実家に頭を下げる始末となってからでは遅いということである．仮に，営業不振で廃業し，老健施設で何とか糊口をしのいで13年，何も知らずにクリニック売買の契約書に判子をついて20年経ってしまえば，不動産屋とコンサルがグルでだましていたことをその後知ったとしても，取消しは主張できないという条文である．株などでは営業マンの口車に乗って買ったが大暴落といったケースでは詐欺取消しを主張したいし，株価の動きをみて取消しのタイミングを計るということもしたいところだが，証券取引法上の損失補填の禁止や，適合性原則（金融商品取引法40条1項）の問題として特別な手当がなされている．

6. 条件・期限

　条件とか期限を付けて約束するという行為はよく行われる．条件と期限の違いは，条件が到来するかどうかはわからない不確定な事実であり，期限は必ず到来する未確定な事実である．

　医大に合格したら車を買ってやろうと3浪中のドラ息子に約束するのは，仮に息子が駿台模試で合格可能性90％以上であっても，「合格したら」というのは条件だし，100年後の9月末日までに部屋を明け渡すと約束したときの100年後の9月末日は，それまで9月なんて呼び方が残ってるかどうかは不確実だが（イスラム暦になっているかも？）期限である．期限については，必ずしも暦などで決まっているものでなくてもよく，「訴訟が判決・和解その他の理由で終結した場合」というのも期限であるとされる．社会通念上必ず到来するからである．このような期限は「不確定期限」と呼ばれる．

　条件や期限については基本的な事項なので，改正によって特に変わることはなかったが，結構重要な規定なのでみておこう．

＜改正後民法（改正なし）＞

（条件が成就した場合の効果）第127条

1項　停止条件付法律行為は，停止条件が成就した時からその効力を生ずる．

2項　解除条件付法律行為は，解除条件が成就した時からその効力を失う．

3項　当事者が条件が成就した場合の効果をその成就した時以前にさかのぼらせる意思を表示したときは，その意思に従う．

　契約書などで「停止条件」，「解除条件」と出てきたら，この条文を参照するべきである．合格したら車を買うと言うときの「合格したら」は停止条件だし，合格するまでこの勉強部屋を使いなさいというときの「合格するまで」は解除条件である．

＜改正後民法（改正なし）＞
（条件の成否未定の間における相手方の利益の侵害の禁止）第128条
　　条件付法律行為の各当事者は，条件の成否が未定である間は，条件が成就した場合にその法律行為から生ずべき相手方の利益を害することができない．

　　例えば，ある駅前にクリニックを開業すれば，自分が持っている駅前の近くのマンションを売却しようと約束したとしよう．ところが，開業前にそのマンションを第三者に売ってしまった場合が本条の適用となる．「まだ開業したわけじゃないし，俺のマンションなんだからいいじゃないか」というわけにはいかない．このような，将来の不確定な事実であっても，当事者はこれを期待している．医療訴訟の期待権とは少し違うが，一種の期待権を保護するものとされている．この場合，マンションの第三者買主に「俺が住むはずだったんだから寄こせ」と言う権利があるか問題になるが，最高裁判所は，類推適用の事案であるが「言える」としている（もっとも営林局長の許可の事案である．最高裁昭和39年10月30日判決　民集18巻8号1837頁）．実際に，マンションを売ってくれたとの同じ状況だと言うのである．ただ，実際に売った場合であれ，条件付きであれ，対抗問題（民法177条）となり，登記を先に済ませた者が権利を取得し，あとは約束を破った者との損害賠償の問題になる．なお，条件付きの場合は登記はできないので，仮登記という手続きが必要である．対抗問題は，これだけで本が3冊くらい書ける話であるが，権利をめぐってまさにどっちの言い分ももっともだが仕方がないので法律でエイッと決めるときのルールの一つである．

＜改正後民法（改正なし）＞
（条件の成否未定の間における権利の処分等）第129条
　　条件の成否が未定である間における当事者の権利義務は，一般の規定に従い，処分し，相続し，若しくは保存し，又はそのために担保を供することができる．

　　条件付きの権利であっても，処分できるという規定である．開業したら売ってもらえる約束があるマンションについて，甥に，そこの部屋に下宿

させてやるという約束をしてもよいし，路面の営業可能な部屋を含むのであれば，調剤薬局と契約しておいてもよいのである．

<改正後民法>

第130条

1項　条件が成就することによって不利益を受ける当事者が故意にその条件の成就を妨げたときは，相手方は，その条件が成就したものとみなすことができる．

2項　条件が成就することによって利益を受ける当事者が不正にその条件を成就させたときは，相手方は，その条件が成就しなかったものとみなすことができる．

<改正前民法>

第130条

　条件が成就することによって不利益を受ける当事者が故意にその条件の成就を妨げたときは，相手方は，その条件が成就したものとみなすことができる．

　改正前の民法から存在した，故意の条件成就の妨害によるときは条件成就とみなす規定（1項）に加え，不正な条件成就によるときは条件不成就とみなす規定を新設したものである（2項）．

　利益を受けるべき当事者が条件を付した趣旨に従った努力をして条件を成就させた場合（ex. 息子が受験勉強の努力をして大学合格という条件を成就），例えば医大合格を条件に約束した車を買ってやると約束したとしよう．しかし，受験当日に親父が車を買いたくないので息子の受験を妨害した場合，130条1項で車を買ってやらねばならないことになる．他方，息子がインチキをして（カンニングを行って大学合格）条件を成就した場合には，これを認めるべきではないから，条件を成就したとはみなさないとして2項が置かれた．

<改正後民法（改正なし）>

第131条

1項　条件が法律行為の時に既に成就していた場合において，その条件が停止

条件であるときはその法律行為は無条件とし，その条件が解除条件であるときはその法律行為は無効とする．

2項　条件が成就しないことが法律行為の時に既に確定していた場合において，その条件が停止条件であるときはその法律行為は無効とし，その条件が解除条件であるときはその法律行為は無条件とする．

3項　前2項に規定する場合において，当事者が条件が成就したこと又は成就しなかったことを知らない間は，第128条及び第129条の規定を準用する．

　例えば，NEJM に論文が accept されたら研究職に採用すると約束していた場合，約束を交わした前日に accept の通知がきていたら，採用は無条件で約束していたということになるし，採用するが今回の修正でも accept されなかったら見送りだからねと約束していた場合（労働契約上の法理は別論），すでに reject の letter が前日に届いていたら採用の約束はなかったことになるという規定である．

　2項はこの逆を言っているだけなので，頭の体操みたいな条文である．

　3項は無意味な規定とされる．条件がすでに成就あるいは不成就が確定しているので，契約の時点ですでに権利の帰趨が確定しているからである．無意味な規定を100年以上置いているのもどうかと思うが，今回も改定されていない．

＜改正後民法（改正なし）＞

（不法条件）第132条

　不法な条件を付した法律行為は，無効とする．不法な行為をしないことを条件とするものも，同様とする．

　大金持ちの老人の若妻から DM の旦那にインスリンを過量投与して殺してくれたら2億円差し上げると言われた場合，若妻に対して首尾よく殺したから2億円くれといってもダメだよと言う条文である．逆に，ピストルを向けられた金持ちが「何でもする，そうだ，あのダイヤをやるから撃たないでくれ」といった場合，あのとき撃つのをやめたでしょといって殺し屋が金持ちにダイヤを請求してもダメでしょということである．こ

のケースではダイヤをあげるといったのは強迫で取り消す，あるいは意思無能力だという主張も通るであろう．これも当たり前の規定である．

＜改正後民法（改正なし）＞
（不能条件）第133条
1項　不能の停止条件を付した法律行為は，無効とする．
2項　不能の解除条件を付した法律行為は，無条件とする．

　不能かどうかは社会通念で決まるとされている．よく，琵琶湖の湖底に沈んだ指輪をとってきたらあげるという約束が挙げられる場合があるが，この場合，奇跡的に指輪をとってきた場合に条文通りだと指輪は持ち主に返すことになるが，これはおかしいであろう．
　同様に，新型コロナウイルスで日本の人口が10分の1になったら病院敷地の賃貸借契約を結ぶのはやめておくという約束も無条件，すなわち賃貸借契約は粛々と締結されたということになる．でも，実際に社会通念に反してそんなことが起きてしまったら，事情変更の法理なんて便利な考えがあって，契約を無効とすることもありうる．

＜改正後民法（改正なし）＞
（随意条件）第134条
　停止条件付法律行為は，その条件が単に債務者の意思のみに係るときは，無効とする．

　これは要注意の条文である．スポーツジムの約款で，当ジムが不適切と認めた場合は退会していただきますなんて規定はこれに当たる場合がある．個人会員で消費者契約に当たる場合は，それで無効になる場合もあるが法人契約の場合はこの条文が適用される．社会通念から退会させられてもやむを得ないケースは条文も引用されることはあるが，ジムの会社の好きなようにできるということはあり得ない．
　微妙なケースもあり，買主が品質良好と認めたときは代金を払うという契約は，債務者の意思のみにかかわるものではないので純粋随意条件では

ないとされる（最高裁昭和31年4月6日判決　民集10巻4号342頁）ほか，ゴルフの預託金の返還時期をゴルフ場側でいくらでも延ばせる規定（東京地裁平成16年5月1日判決），不動産の任意売却ができたら一括返済するという銀行との約定（東京地裁平成7年4月26日判決）は随意条件ととる余地があるとされている．

　手術のときに「出血したら輸血など医師が必要とする適切な処置をとります」というのは随意条件ではない．医師は気ままに輸血ができるわけではないからである．

　期限については条文だけみておこう．

＜改正後民法（改正なし）＞
第135条
1項　法律行為に始期を付したときは，その法律行為の履行は，期限が到来するまで，これを請求することができない．
2項　法律行為に終期を付したときは，その法律行為の効力は，期限が到来した時に消滅する．

（期限の利益及びその放棄）第136条
1項　期限は，債務者の利益のために定めたものと推定する．
2項　期限の利益は，放棄することができる．ただし，これによって相手方の利益を害することはできない．

　この規定で問題になるのは，債権者のためにも利益となる期限の場合である．例えば定期預金がある．借金は，借りた側（債務者）は期限までに返す義務があり，その期限を放棄して早めに返すこともできる．しかし，定期預金の早期解約の場合はどうだろうか．最高裁判所は，期限までの利息を付けて銀行は期限の利益を放棄することができるとしている（最高裁昭和41年10月4日判決　民集20巻8号1565頁）．

＜改正後民法（改正なし）＞
（期限の利益の喪失）第137条
　次に掲げる場合には，債務者は，期限の利益を主張することができない．
一号　債務者が破産手続開始の決定を受けたとき．
二号　債務者が担保を滅失させ，損傷させ，又は減少させたとき．
三号　債務者が担保を供する義務を負う場合において，これを供しないとき．

　期限の利益については金融機関からの借り入れの場合，契約書に弁済が1回でも怠れば全額耳をそろえて払えという条項が置かれている場合が多い．しかし遅れても分割支払いを続けているような場合には，このような条項は効力を制限する立法が必要だろう．

7. 時効

　時効に関する規定の改正は，今回の債権法改正でも医師や医療機関にとって最も影響の大きい改正部分である．時効がなぜ重要かと言うと，消滅時効にしても取得時効にしても（それぞれの意味は後ほど），最初から権利があったりなかったりするという大きな権利変動の効果が生ずるという点である．言い換えれば，めちゃめちゃやばいケースでも裁判に勝てるし，そもそも裁判を起こしてこないことが期待できるのである．

<改正後民法（改正なし）>
第144条
　時効の効力は，その起算日にさかのぼる．

　このように大きな効果であるが，時効は時間の経過によって生ずる効果であるから当事者は意識しない場合も多い．50年前の借金を，あのときはお世話になったと言って返しにくる律儀な人も多い．
　民法は，時効期間が経過して，当事者がこれを「援用」してはじめて効果が生ずることとしている．

<改正後民法>
第145条
　時効は，当事者（消滅時効にあっては，保証人，物上保証人，第三取得者その他権利の消滅について正当な利益を有する者を含む．）が援用しなければ，裁判所がこれによって裁判をすることができない．

<改正前民法>
第145条
　時効は，当事者が援用しなければ，裁判所がこれによって裁判をすることができない．

JCOPY 498-04898

　時効を「援用」という意思表示によって効果が生じるように設計したのは，いくら前の借金だからと言って，返さないのは悪いと思っている律儀な人が返したのを「法律上理由がない」と言って効果をなくしたり，新たな贈与だとか言う違和感を排除する趣旨とされる．この趣旨から，判例は，時効を援用できる「当事者」とは，「時効の完成によって直接利益を受ける者」と定義していたが，「直接」という判断基準が実質的に機能していなかった．そこで，基準を明確化するとともに，異論のない援用権者として保証人，物上保証人，第三取得者を例示した．改正前に判例実務で確立しているので，実質的な改正ではない．

　また，時効なんて規定があると，債権管理が大変だし，「いつでもいいよ」と言っていても，本当に返さないと腹が立つから，契約書に時効の放棄条項などを入れておきたい場合もあろうが，これは禁止されている．

＜改正後民法（改正なし）＞
第 146 条
　時効の利益は，あらかじめ放棄することができない．

　ただ，時効を主張することが信義則（民法 1 条 2 項）に反するとして許されない場合がある．信義則など，今回改正対象とならなかった条文については別の機会に書こうと考えている．判例は，一度，時効完成後に債務を承認した場合は，時効の完成を知っていたか否かにかかわらず，その後に時効の援用をすることは信義則に反し許されないとしている（最高裁昭和 41 年 4 月 20 日判決 民集 20 巻 4 号 702 頁）し，在ブラジル被爆者健康管理手当等請求訴訟上告審判決（最高裁平成 19 年 2 月 6 日判決 民集 61 巻 1 号 122 頁）で，違法な通達により，「受給権者の権利行使を困難にしていた国から事務の委任を受け，又は事務を受託し，自らも上記通達に従い違法な事務処理をしていた普通地方公共団体ないしその機関自身が，受給権者によるその権利の不行使を理由として支払義務を免れようとするに等しいもの」であったとして，当該地方公共団体の時効の援用を信義則に反し許されないとした．

　時効は時間の経過で成立するものであるから，「時間を止めて」と願っても無理なように，どうしようもないものなのだろうか．もちろんそんなことはなく，一定の行為をすれば，止めたり，スタート地点に戻すこともできる．それが時効の中断という制度だったのだか，今回の改正で大幅に変わった．

　従来の時効の「中断」という制度が，時効の「更新」という制度になり，時効の「停止」が「完成猶予」という制度になった．今までの制度を知らなかったならかえって一から整理しやすいので覚えておくとよいだろう．ただし，改正前民法が適用されるケースもあるのでしばらくは注意が必要である．例えば令和2年3月31日までに成立した診療費請求債権は短期時効にかかる．

<改正後民法>

第 147 条

1項　次に掲げる事由がある場合には，その事由が終了する（確定判決又は確定判決と同一の効力を有するものによって権利が確定することなくその事由が終了した場合にあっては，その終了の時から6箇月を経過する）までの間は，時効は，完成しない．

　一号　裁判上の請求

　二号　支払督促

　三号　民事訴訟法第275条第1項の和解又は民事調停法（昭和26年法律第222号）若しくは家事事件手続法（平成23年法律第52号）による調停

　四号　破産手続参加，再生手続参加又は更生手続参加

2項　前項の場合において，確定判決又は確定判決と同一の効力を有するものによって権利が確定したときは，時効は，同項各号に掲げる事由が終了した時から新たにその進行を始める．

　従来の時効中断事由が完成猶予事由と更新事由に再構成された．

　まず，訴訟提起すなわち裁判手続着手によって完成猶予の効果が生じ，裁判手続により権利が確定することによって更新（restart）の効果が生ずる．具体的には，5年前，アルバイト先の当直病院で肺炎の高齢患者を診た．入院を勧めたが，寝てれば治ると言って聞かないので，抗菌薬を出

して，明日必ず受診するように言って帰した．その後，患者は翌朝に状態が悪くなり，搬送された病院で，「なんでこんなになるまでほっておいたんだ，昨日病院に行った？　なんで入院させてくれなかったんだ」なんていうバカ医者がいて，レスピレーターを3日付けて亡くなった．東京の次男とやらが病院に怒鳴り込んできたらしいが，事務長から何とかしますからと言われていたので気にしていなかったが，患者が死亡して4年11カ月後突然，今の勤務先に訴状が裁判所から届いた．

　患者が死亡して5年経っていれば，先生個人は不法行為の時効が完成しているので，たぶん訴訟提起はされない．しかし，5年が経っていないと，訴訟提起で時効完成は「完成猶予」され，裁判中は，何年かかろうと時効完成しない．

　そして，3年の裁判，鑑定が行われ，入院が必要だし説明がよくなかったと言われ，敗訴，病院と連帯して3,600万円！　病院と一緒に控訴して，高裁で因果関係について高度の蓋然性まではなく，相当程度の死亡回避の可能性しかないとのことで400万円で和解．こんなケースでは，400万円について，和解の日から（裁判上の和解は，確定判決と同一の効力があるとされる）裁判での確定債権として10年の時効期間が始まる．これが更新である．

　一方，提訴されたが，遺族の一人が，よくよくみると現在勤務している病院の私の患者で，それがわかって先生を被告にしたくないとか言ってくれ，病院相手の裁判は続けるが，先生個人については取り下げてくれた．これが，権利の確定に至ることなく中途で手続が終了した場合ということで，取り下げから6カ月間は，時効は完成していないが，その後は，というより6カ月経ったら時効で請求権が消滅するのである．更新は生じない．

　テクニカルな話だが，訴え提起による時効完成猶予の始期は，訴え提起した時（民事訴訟法147条）である．ただ，訴状に不備があって被告に送達されないまま訴状が却下（民事訴訟法137条2項）された場合は，裁判上の請求があったということ自体が困難であり，完成猶予効は認められないとされる．印紙代を払わないような場合である．他方，訴訟要件を欠

くことが明らかであるために被告に訴状が送達されずに訴えが却下された場合には，裁判上の請求はあるから完成猶予効が生じると解する考えもある．例えば，訴状に病院の代表者を書いていないような場合である．時効完成のカウントダウンをしてかなり経ってから訴状が届いて時効が主張できないケースもありうるのである．

　裁判では，印紙代を節約するために，「本当は1億円請求するけど，今回は500万円についてね」という訴訟も認められているが，このような明示の一部請求の訴えが提起された場合，特段の事情がない限り残部にも完成猶予効が生じるとされる．すなわち，死亡から5年以内に訴訟提起しておいて途中で，死亡から6年経過した時に，「やっぱり勝ちそうだから5,000万請求するわ」と請求の拡張を行ってきた場合，時効の援用はできないことになる．他方，同請求に基づいて判決がなされても，残部に更新効は生じないとされる．例えば，5,000万円のうち500万円の請求をするという訴状が時効完成の10日前に提起されたのなら，判決で500万円負けて，そのまま確定して10日経てば，残りの4,500万円を請求されても時効で勝てることになりそうである．

　もっとも，残部請求については判決をもらっていないので，裁判終了時から6カ月以内に時効完成猶予が行われれば時効完成はしないとも言われている（改正後147条柱書かっこ書，判例タイムス1390号138頁）．時効はなかなか完成しない仕組みになっているのである．

<改正後民法>
第148条
1項　次に掲げる事由がある場合には，その事由が終了する（申立ての取下げ又は法律の規定に従わないことによる取消しによってその事由が終了した場合にあっては，その終了の時から6箇月を経過する）までの間は，時効は，完成しない．
一号　強制執行
二号　担保権の実行
三号　民事執行法（昭和五十四年法律第四号）第195条に規定する担保権の実行としての競売の例による競売

四号　民事執行法第196条に規定する財産開示手続
2項　前項の場合には，時効は，同項各号に掲げる事由が終了した時から新た
　にその進行を始める．ただし，申立ての取下げ又は法律の規定に従わないこ
　とによる取消しによってその事由が終了した場合は，この限りでない．

　　これは不動産に抵当権が付いている場合などの競売申立などの実行手続
きが始まったら裁判と同じように（これらも訴訟と同様一種の裁判であ
る）考えようという規定である．

<改正後民法>
第149条
　次に掲げる事由がある場合には，その事由が終了した時から6箇月を経過す
るまでの間は，時効は，完成しない．
一号　仮差押え
二号　仮処分

　　これも，送達されたら弁護士に相談するであろうから，特に勉強する必
要のない条文である．

<改正後民法>
第150条
1項　催告があったときは，その時から6箇月を経過するまでの間は，時効は
　完成しない．
2項　催告によって時効の完成が猶予されている間にされた再度の催告は，前
　項の規定による時効の完成猶予の効力を有しない．

　　これも現在でもよくある弁護士からの内容証明のパターンである．事故
から3年くらいと10年くらいにピークがあるのは改正前の民法での不法
行為と債務不履行の時効期間が影響している．
　　裁判を起こさなくても，内容証明（メールでも口頭でもいいのだが証拠
として残すために内容証明が通常である）などで請求すればよい．訴えら

れたといって，相談にこられる先生がいらっしゃるが，この段階は裁判所
は関与していない．ただ，事故から3年あるいは10年くらいの案件なら
裁判を前提としていると考えておく必要がある．

　また，この条文は，時効の完成が猶予されている間（本来の時効期間の
満了時到来後）に催告がなされても，時効完成猶予の効力は有しないこと
を明文化している（150条2項）．

　内容証明後，5カ月後にまた督促のレターがきても，放置しておけば時
効が完成するかもしれない．弁護士に相談する前に安易に返事しないこと
である．

　これに対し，本来の時効期間の満了前に再度の催告，催告後の協議を行
う旨の合意がなされた場合，それぞれ完成猶予効を有する．また，時効の
完成が猶予されている間になされた他の完成猶予事由（仮差押えなど）は
完成猶予の効力を生じるので，これも注意が必要である．

＜改正後民法＞
第151条
1項　権利についての協議を行う旨の合意が書面でされたときは，次に掲げる
　時のいずれか早い時までの間は，時効は，完成しない．
　一号　その合意があった時から1年を経過した時
　二号　その合意において当事者が協議を行う期間（1年に満たないものに限
　　る．）を定めたときは，その期間を経過した時
　三号　当事者の一方から相手方に対して協議の続行を拒絶する旨の通知が書
　　面でされたときは，その通知の時から6箇月を経過した時
2項　前項の規定により時効の完成が猶予されている間にされた再度の同項の
　合意は同項の規定による時効の完成猶予の効力を有する．ただし，その効力
　は，時効の完成が猶予されなかったとすれば時効が完成すべき時から通じて
　5年を超えることができない．
3項　催告によって時効の完成が猶予されている間にされた第1項の合意は，
　同項の規定による時効の完成猶予の効力を有しない．同項の規定により時効
　の完成が猶予されている間にされた催告についても，同様とする．
4項　第1項の合意がその内容を記録した電磁的記録（電子的方式，磁気的方
　式その他人の知覚によっては認識することができない方式で作られる記録で

あって，電子計算機による情報処理の用に供されるものをいう．以下同じ．）
によってされたときは，その合意は，書面によってされたものとみなして，
前3項の規定を適用する．
5項　前項の規定は，第1項第三号の通知について準用する．

　これは100％新設された規定で，勉強しておく必要がある．

　なぜ，このような規定が置かれたかと言うと，時効完成が迫っても，完成阻止だけのために訴えの提起などを余儀なくされることを避け，当事者間における自発的で柔軟な紛争解決の手段を可能にするためとされている．

　ただ，「わかったわかった，検討します」と口頭で言うだけではダメで以下の2点が必要である．

① 「書面又は電磁的記録による」ことが必要である．

　　事後的な紛争を避けるために置かれた規定だが，書面または電磁的記録は，当事者双方の協議意思が表れているものであることが必要で，ただ，申し出は聞いたと言った程度では不十分とされる．時効を期待する側は，逆にあいまいでわけのわからない書面を出す必要があろう．ただ，様式に特別の制限はなく，署名・押印は要求されないし，1通の書面である必要もない．したがって，電子メールで協議の申入れがなされ，返信で受諾の意思が表示されていれば足るので，返事が「お申し出の件協議させていただきます」でも認められる場合がある．

② 「権利について協議を行う旨の合意」が必要で，単に協議をしているという事実状態では足りず，問題とされている権利や内容について協議を行う旨の合意が必要であるとされている．

　協議を行う旨の合意によって時効の完成が猶予されている間（本来の時効期間の満了時到来後）に再度書面または電磁的記録で協議を行う旨の合意がなされれば，合意時点からさらに完成猶予効が生じる（151条2項本文）．ただし，本来の時効が完成すべき時から通算して5年を超えることができない（同項ただし書）．長期間にわたり不確定な状態が継続する

ことを防ぐという時効制度の機能から，時効完成効の延長を無制限に当事者任せにすることは相当でないことからとされる.

　よくあるパターンは，弁護士から時効直前に内容証明で催告がきた場合，時効が完成猶予されちゃった，さて，訴訟提起してくるだろうし面倒だな，額によっては払ってやろうかな，というケースである.

　この場合，催告によって時効の完成が猶予されている間（本来の時効期間の満了時到来後）に協議を行う旨の合意がなされても，時効完成の効力は有しない（151条3項前段）．協議を行う旨の合意によって時効の完成が猶予されている間に催告がなされた場合も同様（同項後段）である（表1参照）.

【表1】

	協議中に拒絶通知あり	協議継続中	
期間の定めなし	合意から1年	合意から1年 拒絶通知から6カ月	いずれか 早い方
期間の定めが1年以上	合意から1年	合意から1年 拒絶通知から6カ月	いずれか 早い方
期間の定めが1年未満	協議期間経過時	協議期間経過時 拒絶通知から6カ月	いずれか 早い方

＜改正後民法＞

第153条

1項　第147条又は第148条の規定による時効の完成猶予又は更新は，完成猶予又は更新の事由が生じた当事者及びその承継人の間においてのみ，その効力を有する.

2項　第149条から第151条までの規定による時効の完成猶予は，完成猶予の事由が生じた当事者及びその承継人の間においてのみ，その効力を有する.

3項　前条の規定による時効の更新は，更新の事由が生じた当事者及びその承継人の間においてのみ，その効力を有する.

第154条

　第148条第1項各号又は第149条各号に掲げる事由に係る手続は，時効の利益を受ける者に対してしないときは，その者に通知をした後でなければ，第148条又は第149条の規定による時効の完成猶予又は更新の効力を生じない.

JCOPY 498-04898

　これは，改正前からある規定だが，鏡視下胃全摘の手術で，oozing が続き輸血が後手にまわって DIC が生じ，ICU で入室中に MRSA の院内感染が生じたため死亡したようなケース．病院（開設者）と外科医に遺族の代理人からレターがきて，あれやこれや弁護士間で協議しているうちに 5 年が経過した場合，レターの名宛人が病院と外科医だけなら，麻酔科医や ICU の医師はその後訴えられても時効を援用できる．

　あと，miscellaneous な条文として以下のものがある．

＜改正後民法（改正なし）＞
第 158 条
1 項　時効の期間の満了前 6 箇月以内の間に未成年者又は成年被後見人に法定代理人がないときは，その未成年者若しくは成年被後見人が行為能力者となった時又は法定代理人が就職した時から 6 箇月を経過するまでの間は，その未成年者又は成年被後見人に対して，時効は，完成しない．
2 項　未成年者又は成年被後見人がその財産を管理する父，母又は後見人に対して権利を有するときは，その未成年者若しくは成年被後見人が行為能力者となった時又は後任の法定代理人が就職した時から 6 箇月を経過するまでの間は，その権利について，時効は，完成しない．

第 159 条
　夫婦の一方が他の一方に対して有する権利については，婚姻の解消の時から 6 箇月を経過するまでの間は，時効は，完成しない．

第 160 条
　相続財産に関しては，相続人が確定した時，管理人が選任された時又は破産手続開始の決定があった時から 6 箇月を経過するまでの間は，時効は，完成しない．

第 161 条
　時効の期間の満了の時に当たり，天災その他避けることのできない事変のため第 147 条第 1 項各号又は第 148 条第 1 項各号に掲げる事由に係る手続を行うことができないときは，その障害が消滅した時から 3 箇月を経過するまでの間は，時効は，完成しない．

Chapter II　総則

天災であるが，新型コロナウイルスは対象外となりそうである．なお，改正前には障害消滅時から2週間であったものが3カ月となった．もっとも，他の完成猶予事由（147条柱書，148条1項柱書，149条柱書，150条1項，151条1項3号，158条〜160条）の6カ月より短い．他の完成猶予事由と比べて障害継続が短期間であり，障害が止めば比較的速やかに権利を行使することができるのが通常であるからとされる．

ただ，裁判上の請求等（147条1項各号），強制執行等（148条1項各号）を行うことができないことが必要である．催告（150条1項）ができないことは要件ではなく，催告ができなくても，裁判上の請求等ができる場合は，本条の適用はない．

しかし，新型インフルエンザ等対策特別措置法では，以下の規定などが置かれている．

新型インフルエンザ等対策特別措置法
第58条
1項　内閣は，新型インフルエンザ等緊急事態において，新型インフルエンザ等の急速かつ広範囲なまん延により経済活動が著しく停滞し，かつ，国の経済の秩序を維持し及び公共の福祉を確保するため緊急の必要がある場合において，国会が閉会中又は衆議院が解散中であり，かつ，臨時会の召集を決定し，又は参議院の緊急集会を求めてその措置を待ついとまがないときは，金銭債務の支払（賃金その他の労働関係に基づく金銭債務の支払及びその支払のためにする銀行その他の金融機関の預金等の支払を除く．）の延期及び権利の保存期間の延長について必要な措置を講ずるため，政令を制定することができる．
2項　災害対策基本法第百九条第三項から第七項までの規定は，前項の場合について準用する．

＜改正後民法＞
第166条
1項　債権は，次に掲げる場合には，時効によって消滅する．
　一号　債権者が権利を行使することができることを知った時から5年間行使しないとき．

二号　権利を行使することができる時から 10 年間行使しないとき.
2 項　債権又は所有権以外の財産権は, 権利を行使することができる時から 20
年間行使しないときは, 時効によって消滅する.
3 項　前 2 項の規定は, 始期付権利又は停止条件付権利の目的物を占有する第
三者のために, その占有の開始の時から取得時効が進行することを妨げない.
ただし, 権利者は, その時効を更新するため, いつでも占有者の承認を求め
ることができる.

この改正部分が, 民法改正の最大の目玉である. 消滅時効について大き
く制度改革が行われた. 従前の規定を振り返ってみれば, 医療関係の損害
賠償債権については三つの点がポイントになっていた.
　一つは不法行為の消滅時効. これは医師個人が訴えられる規定である.
「損害及び加害者を知った時から」3 年で時効消滅する. 手術をして, 死
亡したら, 死亡の時から 3 年. 同じく骨折修復を行ったが, 可動域制限
を生じて, 修復の仕方, タイミングが悪いと言われたら, 後遺障害認定を
行ってから 3 年である. 医師個人の賠償責任を前提として, 病院が使用
者責任（民法 715 条）を問われた場合でも同様である.
　二つ目は債務不履行の消滅時効. これは請求できる時から 10 年とされ
ていた. 起算点は診療行為の場合は裁判実務では死亡など結果発生時にし
ているので不法行為と余り変わらない.
　三つ目が除斥期間. これは行為時から 20 年間. 時効と異なり, 時間が
経てば何があっても消滅という考えが判例であった. 医師会などが 20 年
間カルテを保存しておけというのは, これを根拠としている.
　今回の法改正では, これら三つとも大きく変更され, ひたすら医師や医
療機関に不利になった. 改正後民法は債権一般について, 主観的起算点・
客観的起算点の二重の消滅時効期間を採用した. 時効期間は, 次のいずれ
か早いほうをとることとしている.
　① 主観的起算点（債権者が権利を行使できることを知った時）から 5 年
　　 間（1 項 1 号）
　② 客観的起算点（債権者が権利を行使することができた時）から 10 年

間（1項2号）

　まず，債務不履行についても，主観的起算点の導入を行ったことは大きな変化である．

　改正後民法は短期消滅時効の廃止を行ったが（後述），これにより改正前民法の時効期間10年とすると，領収書などの証拠保存のための費用や負担が増加するおそれがあること，商行為債権について時効期間を5年とする条文があり，ビジネスではこれが通常であることから，原則的な時効期間を5年程度に短くする必要性があった．

　他方，不当利得返還請求権や安全配慮義務違反に基づく損害賠償請求権など，権利行使が可能であることを容易に知ることができない債権について，時効期間を10年から5年に短縮すると消費者や患者など債権者が大きな不利益を被るとの声があり，主観的起算点を導入することにより，権利行使が可能であることを容易に知ることができない債権については債権者の知らない間に時効期間が進行してしまうという問題を避けつつ，その余の多くの債権の時効期間を短縮したとされる．もっとも，主観的起算点を導入しても，一般的に契約に基づく債権は，債権者が権利発生時に権利行使の可能性を認識していることから，主観的起算点と客観的起算点は通常一致する．

　さて，順にみていくと，主観的起算点の始期は，① 権利の発生原因の認識，② 債務者の認識，③ 客観的な権利行使の可能性が揃った場合である．① 腕が術後動かなくなり，② それを患者が認識しており，③ 病院や医師に文句を言おうと思えば言える時が起算点である．

　ただ，権利発生・行使に期限・条件が付されている場合，期限到来・条件成就後に権利者がこれらを認識していなければ，権利の発生原因を認識したと言えない．例えば，不妊手術のためにパイプカットをしたが結紮が不十分で4年半後に妊娠が発覚して，DNA鑑定であんたの子だと言われたような場合，パイプカットの失敗だと思える状況なら，これに該当する．

　ただ，確定期限（例えば2020年8月に東京五輪で聖火ランナーとして走れる契約）の場合は，確定期限到来前であっても契約締結時に権利の発

生原因を認識したと言えるので，契約締結後期限到来前に相続が生じたり，意思能力を喪失したとしても，認識したと扱われる．期限が到来する時期は明確であり，期限到来前でも債権者は権利を行使することができる時期を具体的に認識することができ，確定期限が到来しさえすれば，直ちに権利行使を期待できるからである．

ただ，法的評価が一義的に明確でない原因によって権利が発生する場合と，権利の発生原因の認識については若干議論がある．例えば，安全配慮義務違反に基づく損害賠償請求では，同義務の有無は従事した職務の内容や危険性などの事情を総合的に考慮して判断するものであることから，債権者が単に職務中に傷害などを負ったことを認識するだけでは直ちに権利の発生原因の認識を有したとは言えず，一般人であれば安全配慮義務に違反し，債務不履行が生じていると足りる事実を知っていたことが必要であるが，法的評価まで認識する必要はないと解されている．例えば，非常勤で外来だけという約束でリタイヤ後，非常勤で勤務していた元呼吸器内科部長が，ICU 勤務中にコロナウイルスに罹患し，重症化して死亡した場合，病院が，マスクが不足しているので，不良品の N-95 を欠陥品として知りながら配っていたようなケースであれば，コロナにかかって死んだというだけでは認識があったとは言えず，マスクの欠陥を知ったときが起算点ということになる．後述するが，このような場合は客観的起算点による時効期間が違うので注意が必要である．

なお，民法改正により短期消滅時効および商法上の短期消滅時効が廃止された．以下の規定は廃止された短期消滅時効の規定である．医師の診療報酬債権は従前 3 年であった．健康保険法での請求権のほうに変更はない．

＜改正前民法＞

第 170 条

1 項　次に掲げる債権は，3 年間行使しないときは，消滅する．ただし，第二号に掲げる債権の時効は，同号の工事が終了した時から起算する．

　一号　医師，助産師又は薬剤師の診療，助産又は調剤に関する債権

二号　工事の設計，施工又は監理を業とする者の工事に関する債権

第 171 条
弁護士又は弁護士法人は事件が終了した時から，公証人はその職務を執行した時から 3 年を経過したときは，その職務に関して受け取った書類について，その責任を免れる．

第 172 条
1 項　弁護士，弁護士法人又は公証人の職務に関する債権は，その原因となった事件が終了した時から 2 年間行使しないときは，消滅する．

2 項　前項の規定にかかわらず，同項の事件中の各事項が終了した時から 5 年を経過したときは，同項の期間内であっても，その事項に関する債権は，消滅する．

第 173 条
次に掲げる債権は，2 年間行使しないときは，消滅する．

一号　生産者，卸売商人又は小売商人が売却した産物又は商品の代価に係る債権

　　健康保険の診療報酬の時効であるが，健康保険法では保険給付の請求権の時効は 2 年とされているが，診療報酬の請求権は時効 3 年であった．

　　　1　保険医が政府に対して有する診療報酬請求権の消滅時効は，会計法第 30 条第 1 項にいわゆる「他の法律」には民法も含まれるものと解されているから，民法第 170 条の規定により，3 年間之を行わないことによつて完成するものである．（昭和 26 年 3 月 6 日 保険発第 43 号 社会保険診療報酬支払基金理事長あて厚生省保険局長通知）

　　そして，起算点については，「昭和 38 年 1 月 18 日 保険発第 7 号 埼玉県民生部長あて厚生省保険局国民健康保険課長回答」により「消滅時効は，『権利を行使することを得るとき』より進行するものであり，『権利を行使することを得る』とは，『権利を行使することに法律上の障碍がない』ことであるが，国民健康保険法第 45 条第 1 項の規定により，療養取扱機関が保険者に請求することができる診療報酬は，各月分について翌月 10

JCOPY 498-04898

日までに診療報酬請求書を提出し，保険者において，その月の20日までに審査を行なつたうえ，翌月末までに支払うこととなつているものであるから，診療を行なつた日の属する月の翌々々月の1日が時効の起算日となるものであること.」とされている.

　もちろん，今回の改正で令和2年4月分からの診療報酬請求権の時効は5年になった. これは医師にとってはメリットである. ただし，傷病手当金などの給付請求権は2年のままである.

　健康保険法上の給付請求権以外にも，手形上の請求権（6カ月〜3年 手形法70条），小切手上の請求権（6カ月 小切手法51条），保険金請求権（3年 保険法95条1項），運送人の債権（1年 商法586条），年次有給休暇等の請求権（2年 労働基準法115条），退職金請求権（5年 同条），取消権の期間制限のうち消滅時効（追認できるときから5年 民法126条，追認できるときから1年 消費者契約法7条1項など）については，現時点では改正がなされておらず，起算点，期間ともに従前どおりである.

　ただし，債権のうち賃金および付加金の請求権については，労働基準法が改正され（労働基準法115条），2年が5年になったが「当分の間」3年という経過措置が設けられている（同 附則143条）.

<改正後民法>

第167条

　人の生命又は身体の侵害による損害賠償請求権の消滅時効についての前条第1項第2号の規定の適用については，同号中「10年間」とあるのは，「20年間」とする.

　これは医師や医療機関にとって非常に不利な規定である. 人の生命・身体に関する利益は，財産的な利益などの他の利益と比べて財産的保護の必要性が高く，生命や身体に深刻な被害が生じた債権者は，時効完成の阻止に向けた措置を速やかにとることは期待できないという理由でえらく長期化された. 長時間の経過により反証が困難となった債務者を保護するという時効制度の側面から，時効制度の廃止・著しく長い時効期間とすること

は極めて不当なことと思われるが，弁護士会や民法学者はおおむねアンチ医師であるからこのような結果になったのである．

　また，人の生命・身体の侵害に基づく損害賠償請求権について，債務不履行と不法行為の時効期間の一致も理由となっている．人の生命・身体の侵害による損害賠償請求権の時効期間は，債務不履行でも不法行為でも，主観的起算点から5年，客観的起算点から20年となり，一致することとなった（表2参照）．他方，これ以外の損害賠償請求権は，債務不履行と不法行為とで一致しない．

　身体の侵害による損害賠償請求権の意義から考えると，単に説明義務違反による精神的損害を言う場合は含まれないとも思われる．単に精神的な苦痛を受けたという状態を超え，PTSDを発症するなど精神的機能障害が認められる場合，身体の侵害による損害賠償請求権に当たるとされるのが学説である．

【表2】診療上の賠償責任の時効

	人の生命・身体への侵害	その他
債務不履行責任 （415条）	主観的起算点から5年 客観的起算点から20年	主観的起算点から5年 客観的起算点から10年
不法行為責任 （709条）	主観的起算点から5年 客観的起算点から20年	主観的起算点から3年 客観的起算点から20年

＜改正後民法＞

第168条

1項　定期金の債権は，次に掲げる場合には，時効によって消滅する．

　一号　債権者が定期金の債権から生ずる金銭その他の物の給付を目的とする各債権を行使することができることを知った時から10年間行使しないとき．

　二号　前号に規定する各債権を行使することができる時から20年間行使しないとき．

2項　定期金の債権者は，時効の更新の証拠を得るため，いつでも，その債務者に対して承認書の交付を求めることができる．

　定期金の債権とは，ある期間にわたって定期的に金銭などの給付を受ける権利である．年金保険などが代表だが，事故で寝たきりになった場合の損害賠償では定期金の賠償（毎月 10 万円を支払えとか）が命じられることがある．

　あまり用いられない条文であるが，改正があるので示しておく．改正前には「定期金の債権は，第 1 回の弁済期から 20 年間行使しないときは，消滅する．最後の弁済期から 10 年間行使しないときも，同様とする」「5 年又はこれより短い時期によって定めた金銭その他の物の給付を目的とする債権は，5 年間行使しないときは，消滅する」となっていたが，改正された．

　定期金債権自体の時効を問題とする必要性に乏しく，改正前民法の 1 項後段は廃止され，定期給付債権の時効期間の定めは時効期間の一般的規律（166 条 1 項）に委ねられ，改正前民法 169 条は廃止となっている．

＜改正後民法＞

第 169 条

1 項　確定判決又は確定判決と同一の効力を有するものによって確定した権利については，10 年より短い時効期間の定めがあるものであっても，その時効期間は，10 年とする．

2 項　前項の規定は，確定の時に弁済期の到来していない債権については，適用しない．

　これは，従前から内容は変わっていないが，よく使用される条文である．判決をもらえば 10 年時効がこないといっても，10 年経つのは意外と速い．債権管理上は，安心しないで早々に回収する必要がある．

＜改正後民法＞

第 724 条

　不法行為による損害賠償の請求権は，次に掲げる場合には，時効によって消滅する．

一号　被害者又はその法定代理人が損害及び加害者を知った時から3年間行使
しないとき.
二号　不法行為の時から20年間行使しないとき.

**（人の生命又は身体を害する不法行為による損害賠償請求権の消滅時効）第724
条の2**
　人の生命又は身体を害する不法行為による損害賠償請求権の消滅時効につい
ての前条第一号の規定の適用については，同号中「3年間」とあるのは，「5
年間」とする.

　　これは大変影響の大きい改正である. 改正前民法では，「不法行為によ
る損害賠償の請求権は，被害者又はその法定代理人が損害及び加害者を
知った時から3年間行使しないときは，時効によって消滅する. 不法行
為の時か20年を経過したときも，同様とする.」となっていた.
　　不法行為に基づく損害賠償請求の長期の権利消滅期間の性質について，
除斥期間ではなく消滅時効期間であることを明文化したのである. 従前の
最高裁判例では20年間というのは除斥期間と言い，時効の中断などの効
果は生じないとされていた（最高裁平成元年12月21日判決 民集43巻
12号2209頁）が，予防接種での後遺障害を問題とした最高裁平成10年
6月12日判決（判例タイムズ980号85頁）は，時効の規定を類推適用し
て，被害者側を救済するなどしていた. 長期間権利行使しなかったことが
真にやむを得ない被害者の保護のため，完成猶予・更新の適用，信義則違
反・権利濫用の主張が可能になった改正である.
　　しかし，不法行為は行為の時から遅延損害金が発生し，令和2年4月
以降でも年利3%と高率である. このために，訴訟提起せず放っておき，
遅延損害金を稼ごうというケースでは疑問であろう.
　　民法の一部を改正する法律の施行に伴う関係法律の整備等に関する法律
（整備法）によって，製造物責任法，鉱業法，大気汚染防止法，水質汚濁
防止法，土壌汚染対策法，不正競争防止法の損害賠償請求権について同様
の改正が行われている.

　なお，改正後民法の施行は令和 2 年 4 月 1 日からであるが，それまでに行った診療行為について損害賠償請求をしてくるケースも多いであろう．そのようなケースは多くの場合でみられるために，改正後民法では附則が置かれる一方，整備法が定められて基準が作られている．

＜改正後民法＞

附則第 10 条

1 項　施行日前に債権が生じた場合（施行日以後に債権が生じた場合であって，その原因である法律行為が施行日前にされたときを含む．以下同じ．）におけるその債権の消滅時効の援用については，新法第 145 条の規定にかかわらず，なお従前の例による．

2 項　施行日前に旧法第 147 条に規定する時効の中断の事由又は旧法第 158 条から第 161 条までに規定する時効の停止の事由が生じた場合におけるこれらの事由の効力については，なお従前の例による．

3 項　新法第 151 条の規定は，施行日前に権利についての協議を行う旨の合意が書面でされた場合（その合意の内容を記録した電磁的記録（新法第 151 条第 4 項に規定する電磁的記録をいう．附則第 33 条第 2 項において同じ．）によってされた場合を含む．）におけるその合意については，適用しない．

4 項　施行日前に債権が生じた場合におけるその債権の消滅時効の期間については，なお従前の例による．

（不法行為等に関する経過措置）附則第 35 条

1 項　旧法第 724 条後段（旧法第 934 条第 3（旧法第 936 条第 3，第 947 条第 3 項，第 950 条第 2 項及び第 957 条第 2 項において準用する場合を含む．）において準用する場合を含む．）に規定する期間がこの法律の施行の際既に経過していた場合におけるその期間の制限については，なお従前の例による．

2 項　新法第 724 条の 2 の規定は，不法行為による損害賠償請求権の旧法第 724 条前段に規定する時効がこの法律の施行の際既に完成していた場合については，適用しない．

整備法第 4 条

　施行日前にされた商行為によって生じた債権に係る消滅時効の期間については，なお従前の例による．

　債権発生の原因となる法律行為が改正後民法施行日（令和2年4月1日）より前，債権の発生が施行日後となる（表3）具体例としては，施行日より前の令和2年2月にクリニックの改修についての請負契約が締結されコロナの関係で施行日後の5月になって工事が完成した場合の請負工事代金請求権，あるいは施行日より前に敷金が差し入れられ施行日後に明渡しが完了して現実化した4月2日オープンのビルテナントクリニック敷金返還請求権などがある．

【表3】

		原因である法律行為	
		施行日より前	施行日後
債権の発生	施行日より前	改正前民法 改正前商法	―
	施行日後	改正前民法 改正前商法	改正後民法

　完成猶予や更新などの時効障害事由などの点については，障害事由の発生時期によって適用法が変わってくる（表4）．

【表4】

時効障害事由の発生	施行日より前	改正前民法
	施行日後	改正後民法

　不法行為については，損害賠償請求権の特則があり，① 改正後民法施行時である令和2年4月1日に3年の時効期間（改正前民法724条前段）が経過していなければ，生命・身体を害する不法行為に基づく損害賠償請求権の主観的起算点からの時効期間は5年に延長される．② 改正後民法施行時に20年の除斥期間（同条後段）が経過していなければ，すべての不法行為に基づく損害賠償請求権の20年の除斥期間は客観的起算点からの時効期間に転換される．

　時効の点については，忘れたころに提起される場合も多く，不用意に承認などしないよう，債権管理をしっかりしておくことが重要であろう．

1. 債権の目的

　今回の改正後民法には，「契約その他の債権の発生原因及び取引上の社会通念に照らして」といった文言がしばしば出てくる．「その他の債権の発生原因」というのは，医療行為に関して言えば不法行為（民法 709 条）が重要だが，不法行為を主張する場合であっても，一般的には診療契約上の義務違反としての債務不履行責任（民法 415 条）をあわせて追及してくるケースが多く，言わんとすることは不法行為責任と債務不履行責任はあまり変わらないので，契約責任の中身を考えておけばよい．

　改正前民法でも「契約をした目的」（566 条 1 項）といったように「契約」の内容を基準とする表現は存在したが，この「契約及び取引上の社会通念に照らして」は，改正後民法の特徴の一つとなっている．医療現場では，口頭で患者と対応することも多く社会通念もお互いの立場が大きく異なるので違和感が生じるかもしれない．

　診療契約では契約書を作ることはないが，一般的には B to B（事業者同士）の契約では契約書を作成することが一般であるし，B to C（事業者と消費者）の場合でも約款が送られてきて，サインしていることが多いので，トラブルがあればこのサインした契約書で解決されるのが本来だと思われる（そのために契約書を作るのである）．

　しかし，今回の改正後民法の文言は，契約書の記載内容のみならず，契約の性質（有償か無償かを含む），当事者が契約をした目的，契約の締結に至る経緯をはじめとする契約をめぐる一切の事情を考慮し，取引通念をも勘案して，評価・認定される契約の趣旨に照らして判断すると理解されている．「契約に照らして」とは「契約書に照らして」というわけではないことに注意が必要である．医療以外の場合でも，契約書に書かれているからとあきらめても，逆に契約書にちゃんと書いてあるからと安心しても足元をすくわれる場合があろう．

　「契約に照らして」とは，法制審議会の議論では，当該契約の基礎や背

景にある「契約の目的，契約締結に至る経緯その他の事情を基礎に据えて，そして取引上の社会通念を考慮に入れて導かれる契約その他の当該債権の発生原因の趣旨に照らして判断される．」とのことだそうである（法制審議会第 90 回議事録 39 頁）

　文言上は，「契約」と「社会通念」が「及び」により並列に結ばれていることから「契約」と「社会通念」が同等の意義（重み）を持つと解することもでき，「契約に照らして」解明された合意が，「社会通念に照らして」，その内容が変更されることがありうるように思われる．消費者契約法などでは，消費者に不利な条項はことごとく無効にされてしまう．しかし，B to B の関係では，あくまで「契約」の解釈の考慮要素との一つとして「取引上の社会通念」も含まれることを，明記したにすぎないとされている．したがって，「取引上の社会通念」は，「契約」の内容を解明する際の要素の一つであり，当事者が契約をした目的，契約締結に至る経緯をはじめとする契約をめぐる一切の事情と同じように，「契約」の解釈にとり込まれるものであると理解されている．「普通こうだよね」よりも，契約書に明確に書かれているほうを裁判所が採用することは民法が変わっても変化しないようである．

　それでは，改正によって私たちの診療にはあまり影響を与えないのであろうか．これは，改正後民法に基づいた裁判例が出てみないとわからないところはあるが，結構大きな影響が生じる可能性もある．実は，今回の民法改正はパラダイムシフトが行われたという見解もあるくらいである．

　改正前民法における伝統的な考え方では，債権関係における責任は，大きく「過失」と「瑕疵」の二つを，その正当化の根拠として考えられてきた．すなわち，損害賠償責任が生じるのは，損害を与えた者に過失があるからであるという考え方である．診療行為では，死亡や，「治癒しない」といった損害を与えた医師に過失があるから賠償義務が生じ，過失がなければ生じないという考え方に整合性がある．また，私たちもよく経験する売買契約で「瑕疵のない物を給付する義務がある以上，瑕疵があるのであれば，その損害は賠償されなければならない」という理解にみられる考え方である．「瑕疵」とは欠陥であって，COVID-19 対策で購入した PPE

のガウンが破れていたというのは「瑕疵」である．この伝統的な考え方に特徴的なのは，「過失」（注意義務違反）や「瑕疵」（ちゃんとした物の給付義務違反）という「……すべきであったのに怠った」という一般的な水準を基準とする義務違反から責任を考える点にある．このへんの議論はideologisch な側面があるので，かなり違う意見も今後読まれると思うが，医師にはあまり関係のない話かも知れない．

　ところが改正後民法では，この伝統的な考え方を大きく変化させている．責任の有無を追及するに当たって，一般的な義務違反の有無から判断するのではなく，当該契約での合意内容に照らして，すなわち「当該契約では何が求められていたか」から判断することになっている．言い換えれば「契約を守らなかった」ことを理由に，債権者に生じた損害を賠償する責任を負わなければならないことになる（潮見佳男『新債権総論 1』信山社；2017. 195-196 頁）．

　債務者の側からみれば，改正後民法では，「過失がない」から免責されるというのではなく，「契約で想定されていない」から免責されるということになる．そのため，改正後民法では，「その不履行のリスクはどちらが負担すると合意されていたか」という契約の解釈が重要となる．

　このように，改正後民法は，合意の内容＝契約を重視することから，「契約を守っていれば，契約時に想定外であったことに対する責任は負わない」との予測が可能な規律となっているとも言える．他方，社会常識などに依存し契約を曖昧にしていると，契約の目的，経緯，取引上の社会通念を要素とした契約に照らして」その意味内容を判断されるというリスクを負うことになる．

　例えば，クリニックを開設する際に土地を購入する，居住用のマンションを購入する，中古の CT を買うといった行為は，買った後で，「あれ？」ということが起こりやすい．土地や建物，中古品などは，（社会通念上）全く同じものがないという点で「特定物」と言う．このような特定物を取引したときの規律が民法に定められている．ここにも「契約その他の債権の発生原因及び取引上の社会通念に照らして」という文言が出てくる．

<改正後民法>

（特定物の引渡しの場合の注意義務）第 400 条
　債権の目的物が特定物の引渡しであるときは，債務者は，その引渡しをするまで，契約その他の債権の発生原因及び取引上の社会通念に照らして定まる善良な管理者の注意をもって，その物を保存しなければならない．

<改正前民法>

（特定物の引渡しの場合の注意義務）第 400 条
　債権の目的が特定物の引渡しであるときは，債務者は，その引渡しをするまで，善良な管理者の注意をもって，その物を保存しなければならない．

　善良な管理者の注意義務というのは，診療契約が準委任契約（651 条）であることから，義務の内容（644 条）とされる重要なワードである．

　400 条が問題になる場面は，マンションを買って契約書を作り，引渡し日がきて鍵を開けたら内覧のときと違い，台風による上の階からの漏水でクロスにシミが付いていたとかいったケースなどである．普通は契約書に，そんなときどうするか，危険負担の問題として書いてあることがほとんどだが，契約書を作っていない場合，中古車を 10 万円で買うよとか，コント・ラフォン 2013 年を 1 ダース 20 万円でどう？　とか，口約束かせいぜいメールでの約束の場合，民法が生きてくる．ここで，条文に言う「善良な管理者の注意義務」というのが，客観的に契約を離れて保存義務の内容や程度が定まるようなことでは裁判所も困るという話があり（ビンテージワインの保管法など，裁判所が独自に認定するのは難しいだろう）「契約その他の債権の発生原因及び取引上の社会通念に照らして定まる」ことが明確化された．

　ところが，診療契約の根拠規定とされる民法 615 条（準委任契約）の条文が準用する委任契約の規定（644 条）には，「契約その他の債権の発生原因及び取引上の社会通念に照らして定まる」という文言がない．同条には「受任者は，委任の本旨に従い，善良な管理者の注意をもって，委任事務を処理する義務を負う．」とあり，委任の本旨に従いという文言があ

るので，これが「契約その他の債権の発生原因及び取引上の社会通念に照
らして」と同視できるのか，違う概念なのかも今後議論になろう.

2. 法定利率

　民法 404 条は法定利率に関しての条文であるが，これが大幅に変更となった．従前は，以下のように固定利率で年利 5％とされていたものが，今回の改正で 3％をスタートとした変動相場制となったのである．

＜改正後民法＞

第 404 条

1 項　利息を生ずべき債権について別段の意思表示がないときは，その利率は，その利息が生じた最初の時点における法定利率による．

2 項　法定利率は，年 3 パーセントとする．

3 項　前項の規定にかかわらず，法定利率は，法務省令で定めるところにより，3 年を一期とし，一期ごとに，次項の規定により変動するものとする．

4 項　各期における法定利率は，この項の規定により法定利率に変動があった期のうち直近のもの（以下この項において「直近変動期」という．）における基準割合と当期における基準割合との差に相当する割合（その割合に 1 パーセント未満の端数があるときは，これを切り捨てる．）を直近変動期における法定利率に加算し，又は減算した割合とする．

5 項　前項に規定する「基準割合」とは，法務省令で定めるところにより，各期の初日の属する年の 6 年前の年の 1 月から前々年の 12 月までの各月における短期貸付けの平均利率（当該各月において銀行が新たに行った貸付け（貸付期間が 1 年未満のものに限る．）に係る利率の平均をいう．）の合計を 60 で除して計算した割合（その割合に 0.1 パーセント未満の端数があるときは，これを切り捨てる．）として法務大臣が告示するものをいう．

＜改正前民法＞

第 404 条

　利息を生ずべき債権について別段の意思表示がないときは，その利率は，年 5 分とする．

JCOPY 498-04898

　今後の新型コロナ禍の影響や景気変動で，10年先の利率はどうなるかはわからないが，ここ20年くらいの金利相場をみても，改正前の5%は今のわが国では高すぎるのは間違いない．

　改正後民法404条の1項にある「利息を生ずべき債権」というのがまずは問題となろう．利息というのは銀行などから金を借りる場合は，一番の関心事である．銀行や金融屋から金を借りる場合は当たり前のように利息が発生するが，これは利息をいくら払うという約束があるから支払い義務が生ずるのである．そして利息も高利は禁止されていて，利息制限法によって一定の額を超えた利息の約束は無効とされている．

利息制限法

第1条

　金銭を目的とする消費貸借における利息の契約は，その利息が次の各号に掲げる場合に応じ当該各号に定める利率により計算した金額を超えるときは，その超過部分について，無効とする．

一号　元本の額が10万円未満の場合　年2割

二号　元本の額が10万円以上100万円未満の場合　年1割8分

三号　元本の額が100万円以上の場合　年1割5分

　さらには出資の受入れ，預り金及び金利等の取締りに関する法律（出資法）によって高利貸しは犯罪とされている．

出資法

第5条

1項　金銭の貸付けを行う者が，年109.5%（2月29日を含む1年については年109.8%とし，1日当たりについては0.3%とする．）を超える割合による利息（債務の不履行について予定される賠償額を含む．以下同じ．）の契約をしたときは，5年以下の懲役若しくは1,000万円以下の罰金に処し，又はこれを併科する．当該割合を超える割合による利息を受領し，又はその支払を要求した者も，同様とする．

2項　前項の規定にかかわらず，金銭の貸付けを行う者が業として金銭の貸付

けを行う場合において，年 20％を超える割合による利息の契約をしたとき
は，5 年以下の懲役若しくは 1,000 万円以下の罰金に処し，又はこれを併
科する．その貸付けに関し，当該割合を超える割合による利息を受領し，又
はその支払を要求した者も，同様とする．

3 項　前 2 項の規定にかかわらず，金銭の貸付けを行う者が業として金銭の貸
　　　付けを行う場合において，年 109.5％（2 月 29 日を含む 1 年については年
　　　109.8％とし，1 日当たりについては 0.3％とする．）を超える割合による利
　　　息の契約をしたときは，10 年以下の懲役若しくは 3,000 万円以下の罰金に
　　　処し，又はこれを併科する．その貸付けに関し，当該割合を超える割合によ
　　　る利息を受領し，又はその支払を要求した者も，同様とする．

　10 年くらい前までは，出資法の規定と利息制限法の規定で制限利率が
異なっており，犯罪にならないが無効とされる高利を金貸しはとってい
た．借りる人が知らなければそのほうが儲かるからである．どこかの知事
も金貸しの顧問弁護士をしていたらしいが，一種の法の抜け穴である．し
かし，利息制限法を超える利息は返してもらえるはずと，弁護士が目をつ
け，全国で過払い金の返還請求ラッシュが起こり，訴訟件数が倍増し，弁
護士バブルが一時期生じていたものである．

　利息を払うからと言って金を借りて，実際に返す段になって，一体利息
をいくらつければよいかわからない場合に，この法定利率を付ければよい
というのがこの条文の意味である．

　しかし，実際には，利息を付ける約束がなくても，当然に利息が付いて
しまうような条文が多く存在する．民法 419 条によって，金銭の支払い
義務が遅れた場合は，法定利率の遅延損害金を付して支払えと明記されて
いる．

　また，交通事故による損害賠償は不法行為（民法 709 条）で賠償義務
を負うが，その場合も，判例によれば「なんらの催告を要することなく，
損害の発生と同時に遅滞に陥る」（最高裁昭和 37 年 9 月 4 日判決　民集 16
巻 9 号 1834 頁）とされており，法定利率による遅延損害金が事故の日か
ら発生する．

＜改正後民法＞

（損害賠償の方法）第417条

　損害賠償は，別段の意思表示がないときは，金銭をもってその額を定める．

（金銭債務の特則）第419条

1項　金銭の給付を目的とする債務の不履行については，その損害賠償の額は，債務者が遅滞の責任を負った最初の時点における法定利率によって定める．ただし，約定利率が法定利率を超えるときは，約定利率による．

2項　前項の損害賠償については，債権者は，損害の証明をすることを要しない．

3項　第1項の損害賠償については，債務者は，不可抗力をもって抗弁とすることができない．

（不法行為による損害賠償）第709条

　故意又は過失によって他人の権利又は法律上保護される利益を侵害した者は，これによって生じた損害を賠償する責任を負う．

　医師の場合，診療行為を考えれば，損害賠償を請求される立場であるから，法定利率が下がったようなので，よかったと思うかもしれない．損害賠償保険の保険料が下がりそうである．しかし，実際はその逆となっている．

　中間利息の控除というものである．

　例えば，交通事故に遭い後遺障害が残ってしまった場合，この後遺障害は，被害者の今後の労働能力に影響を与えるとされ（これも実状を無視した昭和28年に作られた規定で運用されている），後遺障害により将来の収入が減ることになるので，後遺障害による減収分を「逸失利益」として損害賠償義務を負う加害者は支払わねばならない．

　このような場合，損害賠償金は通常一括で支払われる．しかし，逸失利益は将来の収入の減少分になるわけであるから，本来5年先，10年先に受け取るはずのお金を先に受け取ることになる．そして，先に受け取ることができたお金は，銀行預金はもとより，株式の運用など，投資などで利

益を得ることができる.

　このように，金銭は手元にあるだけで価値があるものと考えられることから，これを「中間利息」というかたちで賠償額の計算上考慮することになっている.

　改正前には，中間利息控除に適用される利率に，法定利率を適用するという明文の規定はなかったが，下級審の実務では争いなく法定利率で計算して控除されていた．計算方式もホフマン式とかライプニッツ式とか争いがあったが現在は後者で運用されている．最高裁判所も中間利息控除に法定利率を適用すると判断している（最高裁平成17年6月14日判決）．民法上の法定利率が年5％の時代から，この年利を基礎に，裁判所も保険会社も中間利息を控除してきた．今回の改正で，中間利息控除に法定利率を適用することが明文化された.

<改正後民法>

第417条の2

1項　将来において取得すべき利益についての損害賠償の額を定める場合において，その利益を取得すべき時までの利息相当額を控除するときは，その損害賠償の請求権が生じた時点における法定利率により，これをする.

2項　将来において負担すべき費用についての損害賠償の額を定める場合において，その費用を負担すべき時までの利息相当額を控除するときも，前項と同様とする.

第722条

1項　第417条及び第417条の2の規定は，不法行為による損害賠償について準用する.

　例えば，後遺障害による減収が，毎年100万円の減収が見込まれる場合，あと10年働けるとすると，100万円×10で1,000万円を後遺障害による逸失利益としてもらうことになる．57歳の売上収入2,000万円の儲からない皮膚科開業医に看護師が針をうっかり深く刺して神経損傷が生じたとして，「ずっと手がしびれるんだよね，なんとかやってるけど．処置が

やりにくくってしょうがない」といったことを言われると 14 級の後遺障害となって逸失利益については年収の 5％が賠償額となる．2,000 万円の5％は 100 万円であるが，1 年後得る報酬のうち 100 万円分を，現時点でもらってしまうと 5％の金利・運用益分得をする（法定利率 5％は，そのようなフィクションを法定したものである）から，その分を引いて払ってもよいということである．具体的には 100 万円 ÷ 1.05 ≒ 95 万 2,400 円を払うことになる．2 年後の分については，100 万円 ÷ 1.05 ÷ 1.05 ≒ 90 万7,030 円を払えばよい．同じように 10 年分を計算して合計する．

　こんな計算は，面倒くさいので，ライプニッツ係数というものがあり，100 万円に 10 年分相当のライプニッツ係数 7.7217 を乗じて 772 万 1,700円が逸失利益ということになる．

　今回の改正で，1.05 が 1.03 になったわけであるから，当然中間利息控除の額も減ることになる．その結果，損害賠償で支払う総額は改正前より増えてしまうこととなる．そして，この 3％についても，今後も経済状況がどうなるかわからず，市中金利と大きく乖離する事態が生ずるおそれがあることから，変動制が採用された（改正後民法 404 条 3 項）．

　改正前は民法が適用される場合は年利 5％，商取引の場合は年利 6％で計算することになっていた（商法 514 条．なお医療行為は商行為ではないとされている）が，商行為によって生じた債務のみを特別扱いする合理的理由に乏しいとして生じ法定利率は廃止（同条削除）された．

　変動制の採用に伴い，いつの法定利率を適用するかが問題になるので，これも明文化した．

＜改正後民法＞
第 404 条
1 項　利息を生ずべき債権について別段の意思表示がないときは，その利率は，
　その利息が生じた最初の時点における法定利率による．

第 419 条
1 項　金銭の給付を目的とする債務の不履行については，その損害賠償の額は，

　　債務者が遅滞の責任を負った最初の時点における法定利率によって定める.
　　ただし,約定利率が法定利率を超えるときは,約定利率による.

　　いまはアプリを使えば,いろいろな計算が容易にできるが,裁判所はアプリを前提としていないので（どのアプリで計算するのかなど,また争いが増える可能性がある）法定利率の適用を受ける一つの債権については,一つの法定利率しか適用されない規定となっている.

　　また,算定上は1%未満の端数は切り捨てられることになっている（民法404条4項かっこ書）,加減されることになる実際の金利差は1%の整数倍（1%,2%,……）となり判決に書くときに問題が生じないように配慮されている.

　　この法定利率であるが,令和2年4月1日前後で債権がいつ発生したかで分かれることになっている.計算がややこしくなること必定であろう.

JCOPY 498-04898

3. 損害賠償の予定

　私たちが診療を行うときにいただくお金は，診療報酬として健康保険法や国民健康保険法に基づき決まっている．初診料や処方料，注射料は極めて少額である．

　ところが，ワンコインもしない処方箋料をもらって，処方した薬剤や，ただ同然の塩化カルシウム製剤を静注しようと指示して重篤な副作用が出た場合，それで損害賠償を請求されたら1億円を超えることも稀ではない．おまけに刑務所行きの結果になることもありうる．

　また，COVID-19のような感染症を診療することを考えれば命の危険すら負っているのである．

　例えば京都地裁平成17年7月12日判決（判例時報1907号112頁）は，じんましんの患者にかゆみ止めの塩化カルシウムを静注するように准看護師に指示したら，准看護師が間違って塩化カリウムを静注した事案であるが，指示した医師は実刑判決と2億4,000万円の賠償が命じられている．

　普通は，危ない橋を渡らせるときは高額の報酬が支払われる．それがたかがワンコイン以下である．市場原理からはあり得ない．通常の取引では，やばいかも知れないことをして損害賠償請求されてはかなわないので，保険をかけ保険金の範囲で賠償しましょうという損害賠償の予定を契約条項に入れることが多い．もちろん，保険をかけることは要件ではない．ノークレームでお願いしますという契約も原則有効である．

　民法もこう定めていた．

<改正前民法>
第420条
1項　当事者は，債務の不履行について損害賠償の額を予定することができる．この場合において，裁判所は，その額を増減することができない．
2項　賠償額の予定は，履行の請求又は解除権の行使を妨げない．

3項　違約金は，賠償額の予定と推認する.

　これはかなりきつい条文で，裁判官は「賠償額少な！ これは気の毒！」とか「いくらなんでもとりすぎだろ」と心底思っても，減額はできない規定になっていた.

　しかし，それは無理とばかりに，裁判実務においては公序良俗違反（民法第90条）などの一般条項や過失相殺（最高裁平成6年4月21日判決集民172号379頁）を理由に予定された損害賠償額を増減する判断をしていた. これに合わせて，今回の改正で420条第1項後段を削除した. この結果，債権者からの当事者間で合意した損害賠償額の予定に基づく損賠償請求に対して，そんな条項は無効だとか，あんたにも落ち度あるよね（過失相殺の抗弁）を主張立証できることが条文上も明確になった. しかしながら医師患者の関係では，消費者契約法が適用され，賠償金額を少額にすることは許されていない.

　消費者契約法は個別に解説しないが，患者と医療機関の関係も規律するので一読しておくのがよいと思う.

消費者契約法
（事業者の損害賠償の責任を免除する条項等の無効）第8条
1項　次に掲げる消費者契約の条項は，無効とする.
　一号　事業者の債務不履行により消費者に生じた損害を賠償する責任の全部を免除し，又は当該事業者にその責任の有無を決定する権限を付与する条項
　二号　事業者の債務不履行（当該事業者，その代表者又はその使用する者の故意又は重大な過失によるものに限る.）により消費者に生じた損害を賠償する責任の一部を免除し，又は当該事業者にその責任の限度を決定する権限を付与する条項
　三号　消費者契約における事業者の債務の履行に際してされた当該事業者の不法行為により消費者に生じた損害を賠償する責任の全部を免除し，又は当該事業者にその責任の有無を決定する権限を付与する条項
　四号　消費者契約における事業者の債務の履行に際してされた当該事業者の

不法行為（当該事業者，その代表者又はその使用する者の故意又は重大な過失によるものに限る.）により消費者に生じた損害を賠償する責任の一部を免除し，又は当該事業者にその責任の限度を決定する権限を付与する条項

2項　前項第一号又は第二号に掲げる条項のうち，消費者契約が有償契約である場合において，引き渡された目的物が種類又は品質に関して契約の内容に適合しないとき（当該消費者契約が請負契約である場合には，請負人が種類又は品質に関して契約の内容に適合しない仕事の目的物を注文者に引き渡したとき（その引渡しを要しない場合には，仕事が終了した時に仕事の目的物が種類又は品質に関して契約の内容に適合しないとき.）．以下この項において同じ.）に，これにより消費者に生じた損害を賠償する事業者の責任を免除し，又は当該事業者にその責任の有無若しくは限度を決定する権限を付与するものについては，次に掲げる場合に該当するときは，同項の規定は，適用しない.

一号　当該消費者契約において，引き渡された目的物が種類又は品質に関して契約の内容に適合しないときに，当該事業者が履行の追完をする責任又は不適合の程度に応じた代金若しくは報酬の減額をする責任を負うこととされている場合

二号　当該消費者と当該事業者の委託を受けた他の事業者との間の契約又は当該事業者と他の事業者との間の当該消費者のためにする契約で，当該消費者契約の締結に先立って又はこれと同時に締結されたものにおいて，引き渡された目的物が種類又は品質に関して契約の内容に適合しないときに，当該他の事業者が，その目的物が種類又は品質に関して契約の内容に適合しないことにより当該消費者に生じた損害を賠償する責任の全部若しくは一部を負い，又は履行の追完をする責任を負うこととされている場合

（消費者の解除権を放棄させる条項等の無効）第8条の2

事業者の債務不履行により生じた消費者の解除権を放棄させ，又は当該事業者にその解除権の有無を決定する権限を付与する消費者契約の条項は，無効とする.

（事業者に対し後見開始の審判等による解除権を付与する条項の無効）第8条の3

事業者に対し，消費者が後見開始，保佐開始又は補助開始の審判を受けたこ

とのみを理由とする解除権を付与する消費者契約（消費者が事業者に対し物品，権利，役務その他の消費者契約の目的となるものを提供することとされているものを除く．）の条項は，無効とする．

（消費者が支払う損害賠償の額を予定する条項等の無効）第 9 条
　次の各号に掲げる消費者契約の条項は，当該各号に定める部分について，無効とする．
一号　当該消費者契約の解除に伴う損害賠償の額を予定し，又は違約金を定める条項であって，これらを合算した額が，当該条項において設定された解除の事由，時期等の区分に応じ，当該消費者契約と同種の消費者契約の解除に伴い当該事業者に生ずべき平均的な損害の額を超えるもの　当該超える部分
二号　当該消費者契約に基づき支払うべき金銭の全部又は一部を消費者が支払期日（支払回数が 2 以上である場合には，それぞれの支払期日．以下この号において同じ．）までに支払わない場合における損害賠償の額を予定し，又は違約金を定める条項であって，これらを合算した額が，支払期日の翌日からその支払をする日までの期間について，その日数に応じ，当該支払期日に支払うべき額から当該支払期日に支払うべき額のうち既に支払われた額を控除した額に年 14.6 パーセントの割合を乗じて計算した額を超えるもの　当該超える部分

（消費者の利益を一方的に害する条項の無効）第 10 条
　消費者の不作為をもって当該消費者が新たな消費者契約の申込み又はその承諾の意思表示をしたものとみなす条項その他の法令中の公の秩序に関しない規定の適用による場合に比して消費者の権利を制限し又は消費者の義務を加重する消費者契約の条項であって，民法第 1 条第 2 項に規定する基本原則に反して消費者の利益を一方的に害するものは，無効とする．

　せいぜい損害賠償額に，産科医療補償制度での 3,000 万円くらいの CAP をはめることくらいであろうか．米国の州によっては，医療過誤訴訟での賠償請求に CAP をはめる規定を置いているところもある〔鴻上喜芳「米国の医療事故賠償責任の状況と保険マーケットの変化」保険学雑誌 615 号（平成 23 年）〕．
　改正はされたものの今回の改正によって，損害賠償額を予定した条項

が，実際の被害よりも過少であれば，当該条項を無効にして裁判所が適切な賠償金額を決めるのだが，逆に条項で定められた損害賠償額が過大であり不当だと判断される場合，当該条項が全部無効になる可能性がある（消費者契約法8条1項，10条による無効もありうる）が，その場合，賠償額の定めがないとして，債権者は損害の額を主張，立証しなければならないのか，当該条項は裁判所が過大と評価する限度で一部無効となり，裁判所が減額認定した損害額で一部認容するのかは明らかにしておらず，今後の裁判例を待つことになる．

　なお，経過措置として，施行日前に存在した損害賠償の予定については，改正前民法が適用される．したがって，改正後民法420条が適用されるのは，令和2年4月1日以降に合意された損害賠償額の予定である．

4. 保証

　先生方が「保証」という契約に立ち入る場合としては，① 債権者とともに保証人となる場合と，② 誰かに頼んで保証人となってもらう場合，③ 債権者として債務者とともに保証人のサインを求める場合とがあろう．

　一つ目のケースは借金の保証人でなくても，息子さんの住宅ローンの借り入れの保証人となる場合，娘さんが東京の大学に入学しアパートを借りる場合に，賃貸借契約書に押してくれと連帯保証人として判子をつかされたことがあると思われる．家賃は知れているが，火事でも出した場合は大変だ，火災保険は確認しておけよとアドバイスできれば上出来である．医療法人が銀行などから借り入れを行う場合に，理事長として奥さんと実印をつかされたケースもあるのではないか．

　二つ目のケースは，個人開業でクリニックを開設する先生が銀行から病床改修工事を行うための借り入れを行う場合，奥さんの実家のお父さんに保証人になってもらうケースなどが考えられる．信用保証協会にお金を払って銀行と保証協会のような法人が保証契約を結んでもらう場合もある．

　三つ目のケースは，賃貸住宅のオーナーの副業をしていれば，店子に保証人を付けるように言うことが多いであろうし，患者が入院するときに保証人のサイン欄を設けた入院申込書を作っているところも多いようである．

　保証というのは，人的担保と言って，金融を円滑にするために重要な経済的働きをしている．抵当に入れる不動産を持っていなくても，資産のある親族や友人がいて，その親族や友人がすぐに現金を貸してくれるほど金回りがよくなくても，資金調達が可能になる仕組みである．

　しかし，その反面やっかいな部分がある．金を貸せとか出資しろなら，現金が動くので，身の丈（知らない間に NG ワードになったそうである）に合わせて出せばよいのだが，連帯保証人になる場合は，現金が動くわけ

JCOPY 498-04898

ではなく，怖いお兄さんが取り立てにきてはじめて支払うべき額が明らか
になる．「死んだ親父から，保証人の判子だけはつくなと言われている」
といってお断りする例があるが，それは賢明な言いつけである．また，企
業などの場合，保証債務は財務諸表に挙がらないことが多い．だから，
「簿外債務」などと言われたりする．非常に財務状況がよく，優良企業だ
と思って M&A をしたら，保証債務が顕在化して赤字に転落などというの
は，もちろん事前の調査（デューデリジェンス）不足なのだが，帳簿では
わからない怖さがある．

　さて，保証契約については，上記のような点が問題になるのであるが，
保証人が，突然の債権者からの取り立てによって困窮することが一番の問
題であった．このため，保証人保護の方策の拡充がここ数年で行われてき
ており，今回の民法改正でも採用されている．

　まず，平成 16 年民法改正では，保証契約に書面要件が付され，貸金な
どの根保証契約に関する規制が追加された，根保証というのは，具体的な
借金の返済を保証するのではなく，例えば賃貸借契約から発生する一切の
債務とかいったものに保証をする契約である．息子さんの賃料 5 万円の
アパートでも，「自分探しに行く」と休学して南米に行ったあげく半年滞
納して催告，解除通知がきて，そのうちぼやを出して内装修繕費 500 万
円がかかった分も，連帯保証人たるお父さんの債務である．

　この点は，根保証の極度額明示義務という形で，今回の改正で手当てさ
れた．

　平成 18 年 3 月には「信用保証協会における第三者保証人徴求の原則禁
止について」という通達が中小企業庁金融課から出された．金融機関が中
小企業に融資を行う際に，この企業の経営に直接関係のない第三者を保証
人として求める商慣行があるが，事業に関与していない第三者が，個人的
関係などにより，やむを得ず保証人となり，その後の借り手企業の経営状
況の悪化により，事業に関与していない第三者が，社会的にも経済的にも
重い負担を強いられる場合が少なからず存在することが，上記のように，
大きな問題とされている．このため，中小企業庁では，信用保証協会が行
う保証制度について，平成 18 年度に入ってから保証協会に対して保証申

込みを行った案件については，経営者本人以外の第三者を保証人として求めることを原則禁止とした．例外は経営に関与している者と，かなり無理な融資で，保証人が積極的に融資を依頼してきたような場合とされている．同様の規制が平成 25 年 12 月には「経営者保証ガイドライン」として，金融庁から主要銀行向けの総合的な監督指針と出されていたが，これを破ったからといって保証が無効になるわけではない．

　今回の民法改正は，法律の改正であるから，ガイドラインと異なり法的な効果を直接生ずるものであり，一段と保証人の保護が厚くなっている．

　以下，具体的に条文をみていこう．

<改正後民法>

（保証人の負担と主たる債務の目的又は態様）第 448 条

1 項　保証人の負担が債務の目的又は態様において主たる債務より重いときは，これを主たる債務の限度に減縮する．

2 項　主たる債務の目的又は態様が保証契約の締結後に加重されたときであっても，保証人の負担は加重されない．

　これは保証契約の附従性と言われる法理を 2 項を追加することでさらに明文化したもので，特に新しく規範が創設されたものではない．

<改正後民法>

（主たる債務者について生じた事由の効力）第 457 条

1 項　主たる債務者に対する履行の請求その他の事由による時効の完成猶予及び更新は，保証人に対しても，その効力を生ずる．

2 項　保証人は，主たる債務者が主張することができる抗弁をもって債権者に対抗することができる．

3 項　主たる債務者が債権者に対して相殺権，取消権又は解除権を有するときは，これらの権利の行使によって主たる債務者がその債務を免れるべき限度において，保証人は，債権者に対して債務の履行を拒むことができる．

<改正前民法>
(主たる債務者について生じた事由の効力) 第 457 条
1 項　主たる債務者に対する履行の請求その他の事由による時効の中断は, 保証人に対しても, その効力を生ずる.
2 項　保証人は, 主たる債務者の債権による相殺をもって債権者に対抗することができる.

　457 条第 1 項は, 時効の「中断」という概念が「完成猶予及び更新」という概念に変わったために文言を統一したものである.

　第 2 項は, 保証人が主たる債務者の債権による相殺をもって対抗することができるとしていたのを, 相殺以外の抗弁一般に拡大しているが, 従来の実務運用もそのようなものであり変化はない.

　第 3 項は, 保証人は主たる債務の原因である契約や主たる債務に対する債権を消滅させることができないことを明確化した. あくまで支払いを拒めるだけで, 債権者は主債務者には支払いを求めうるのである.

<改正後民法>
(連帯保証人について生じた事由の効力) 第 458 条
　第 438 条, 第 439 条第 1 項, 第 440 条及び第 441 条の規定は, 主たる債務者と連帯して債務を負担する保証人について生じた事由について準用する.

<改正前民法>
(連帯保証人について生じた事由の効力) 第 458 条
　第 434 条から第 440 条までの規定は, 主たる債務者が保証人と連帯して債務を負担する場合について準用する.

　現在, 保証人になる場合は, その多くが連帯保証人である. 単なる保証人と異なり, 連帯保証人になれば, 債権者が本来の債務者に請求せず, 直接連帯保証人に支払いを求めることができ, 実際には自分が金を借りたのと同じ立場になる.

　現行法では, 連帯保証人のした行為の効力が主たる債務者にも及ぶ（改

正前民法458条，434条）ので，債務者の関与なしに連帯保証人を付けることができるだけに，債務者に不測の損害を与えかねないと言われていた．

そこで，絶対的効力事由・相対的効力事由に関する連帯債務の規定の改正（改正後民法438条〜441条）に合わせ，当事者間に別段の合意がない場合には，連帯保証人に対する履行の請求は，主たる債務者に対してその効力を生じないものとして，その効力を絶対的効力事由から相対的効力事由に改めた．ただし，債権者および主債務者が別段の意思を表示していた場合には，連帯保証人に生じた事由の主債務者に対する効力はその意思に従う（改正後民法441条ただし書）とされているので，例えば「病院が患者，保証人のいずれかに対して支払いの請求，時効の完成猶予などの効果を生じさせる行為を含め，病院のした通知や請求は，直接受けた者以外のすべての患者，保証人に及ぶものとします」といった文言を入院申込書に入れておくことが必要となる．

なお，相殺（改正前民法436条2項），免除（437条），時効（439条）は，連帯保証人がそもそも負担部分を有しておらず，負担部分があることを前提とするこれらの規定は，準用の余地がないので除外されている．

また，免除（437条），時効（439条）は改正法ではこれに相当する条文は削除されている．

結局，準用される条項は以下のとおりである．

• 438条（更改の絶対効）

「連帯債務者の一人と債権者との間に更改があったときは，債権は，全ての連帯債務者の利益のために消滅する．」

更改というのは，もとの債務の履行の代わりに別の義務を提供するような約束をすると思えばよい．例えば，30万円を借りていて，現金がないので，代わりにうちの別荘を1年自由に使っていいよ，というような約束である．更改も契約なので，もとの債権債務と対価的な関係があるはずである．

連帯債務者の一人と債権者が更改をする場合，連帯債務者は，債権者に対して債務のすべてを履行する責任があるから，その義務と対価的な債務

を負担するのであれば，他の債務者は責任を逃れないとややこしくなる．もともとが金銭債務なのに，別荘を使わせる契約になってしまうと，別荘を持っていない他の連帯債務者は，一体何をしてよいやらというわけである．

　だから，更改に絶対効をもたらしている．つまり，すべての債務が消滅する．

• 439 条 1 項（相殺の履行拒絶権）

「連帯債務者の一人が債権者に対して債権を有する場合において，その連帯債務者が相殺を援用したときは，債権は，全ての連帯債務者の利益のために消滅する.」

　相殺というのは，自分の持っている債権で，相手の債権をチャラにする行為だから弁済と同等である．当然，他の債務者の債務も消えないと，債権者の二重取りになる．連帯保証の場合も，債権者は連帯保証人による相殺によって自分の債務が消えて，払ってもらったのと同じだから，主債務者の債務も消えるのは当然である．

• 440 条（混同の絶対効）

「連帯債務者の一人と債権者との間に混同があったときは，その連帯債務者は，弁済をしたものとみなす.」

　混同というのは相続などで発生する現象である．親父から金を借りていた唯一の相続人である息子は，親父の，自分への債権を相続するが自分で自分に返すわけにもいかないので，債権債務がないことになる．これが混同による債務の消滅である．

　例えば，A と B が A の父親から 1,000 万円の借金をしてその後 A の父親が死んだ．A が唯一の相続人として A の父親を相続したら，A の払う分 500 万円は消える．ただ，A の分が消えるだけなので，B が払うべき半分は残る．A の父から相続した A は B に半分の 500 万円の支払いを請求できることになる．

• 441 条（相対効の原則）

「第 438 条，第 439 条第 1 項及び前条に規定する場合を除き，連帯債務者の一人について生じた事由は，他の連帯債務者に対してその効力を生じ

ない．ただし，債権者及び他の連帯債務者の一人が別段の意思を表示した
ときは，当該他の連帯債務者に対する効力は，その意思に従う．」

　連帯保証人に対する請求は，債権者主債務者間で特約がない限り，主債
務者に効力を及ぼさなくなった，一方で主債務者に対する請求の効力が保
証人に及ぶことは，保証の附従性から当然であり，変更はない．

　医療機関において，診療費とか個室ベッド代で保証人をとっている場
合，主債務者は通常患者である．患者が重篤になったりして意思疎通がで
きなくなったら，患者には請求できない（意思能力がないと，請求を受領
することができない）．請求書を病室の枕元においても，法律上は何の効
果もない．そこで，保証人であるお父さんに請求するが，主債務者である
患者に請求したことにはならない．ということは，時間が経って時効を援
用することが可能になる．

　これを避けるには，入院申込書を患者本人でなく，実際に金を払う人の
名義にすることが考えられる（第三者のためにする契約という）が，今回
の改正で診療報酬債権の時効が3年から5年になり，時効の問題は起こ
りにくくなったので，現実にはそこまでしなくてよいかもしれない．

　なお，請求の絶対効の規定は，保証契約自体が法改正前に結ばれていれ
ばそのまま改正前の規定が適用される．すなわち，入院時が令和2年4月
までなら，連帯保証人に請求しておけば，主債務者に請求したことにな
る．

5. 債務引受け

　債権譲渡という言葉は，診療報酬を担保とする方法として，資金繰りに困った医療機関などには知られるようになったが，一方で債務引受けという言葉はどうだろう．例えば，ご子息の出来が悪くて，変な投資話に手を出して，数千万の借金ができたとしよう（こんな話は縁起が悪いが）．

　定期預金や遊休不動産を売却して一括弁済できればそうするかもしれないが，私が息子に代わってきちんと払うから，裁判とか，破産申立て（これが一番怖い．信用情報がブラックになりクレジットカードなどが作れなくなる可能性があり，現代のキャッシュレスサービス時代には，何かと不便である）はやめてくれないかと債権者と交渉することになろう．

　保証人になるからということでも，先生の資産と現在のクリニックの隆盛ぶりからは OK を出すかも知れないが，保証人はたとえ連帯保証人であっても「代わりに借金を払う」立場ではない．あくまで息子さんに請求がいって，払えないときに請求がくるのが原則である（ただし連帯保証人の場合は，お父さんに直接請求もできることにはなっている）．

　本項で説明する債務引受けというのは，お父さんが，お金を直接債権者に支払う立場になるというもので，今回の民法改正で条文上新設された．従来から，裁判例では，このような形式の契約も有効とされていたが，契約書に書いていない事項なども，条文ができたことで補充され，裁判所も事案ごとでない対応をすることになる．

　債務引受け規定の概要であるが，併存的，免責的の二つの類型が定められている．

　併存的債務引受けというのは，お父さんと息子さんが，両方とも支払う義務を負うことになる規定である．債権者としたら，払ってくれる人が増えて，しかも，それぞれに全額の請求ができるので，とても便宜な形である．この点，連帯保証人と似ている．全く債権者に損はないので，債権者（金融機関やちょっと怖い人），債務者（息子さん）および引受人（お父さ

んつまり先生のことです）の三者契約で結ぶことはもちろん，債権者と引受人との間の契約も可能である．また，「お父さん，代わりに払ってくれるよね」とご子息が泣きついてきて「いいよ」とおっしゃったところ，お父さんが債権者に報告して債権者が「よかろう，先生のところに取り立てに行けばいいんだな」といった，債務者-引受人間の契約に債権者が承諾した場合でも有効とされる．

<＜改正後民法＞

（併存的債務引受の要件及び効果）第470条
1項　併存的債務引受の引受人は，債務者と連帯して，債務者が債権者に対して負担する債務と同一の内容の債務を負担する．
2項　併存的債務引受は，債権者と引受人となる者との契約によってすることができる．
3項　併存的債務引受は，債務者と引受人となる者との契約によってもすることができる．この場合において，併存的債務引受は，債権者が引受人となる者に対して承諾をした時に，その効力を生ずる．
4項　前項の規定によってする併存的債務引受は，第三者のためにする契約に関する規定に従う．

　この条文で注意しないといけないのは1項の「連帯して」の文言である．性質上当然に適用されないもの（改正前民法433条，改正後民法437条など）を除き，連帯債務の規定が適用されるということである．連帯債務の規定は，今回の改正法で変更されているので，改正前後両方確認して欲しい．
　2項が想定しているのは，息子さんが「俺が責任もって払うから，親父は口出すな」と言っても，肩代わりできるということである．息子が破産したとか言うと自分の信用にもかかわるし，奥さんが「あなた！　なんとかして!!!」と黙ってないだろう．3項および4項は，いわば第三者のためにする契約であることから，債権者の引受人に対する承諾（受益の意思表示）により効力を生じることとされている．例えば，先生が，ガソリンスタンドに息子さんのランクルも止まっていたのをみて，せがれのも洗っ

ておいてやってくれ，と頼むのが第三者のための契約である．しかし，息子さんはダートレースの雑誌の「愛車紹介」に載せる予定かも知れないから，息子さんの承諾があってはじめてスタンドは洗車の義務が生ずるとしたのである．もっとも，現実には債務を引き受けてもらって困ることはないので，民法学者は明文化される前から，こんな債務者の承諾はいらないというのが一般的であった（我妻 榮，有泉 亨，他，著．「我妻・有泉コンメンタール民法　第5版」日本評論社；2018年．1096頁）が，明文化されたので今後の解釈によると思われる．

＜改正後民法＞
（併存的債務引受における引受人の抗弁等）第471条
1項　引受人は，併存的債務引受により負担した自己の債務について，その効力が生じた時に債務者が主張することができた抗弁をもって債権者に対抗することができる．
2項　債務者が債権者に対して取消権又は解除権を有するときは，引受人は，これらの権利の行使によって債務者がその債務を免れるべき限度において，債権者に対して債務の履行を拒むことができる．

　息子さんの借金を，お父さんが併存的債務引受けで，今後払っていくことになった場合，実は息子さんは出資話でだまされていて，詐欺にあったというようなことがわかったとしよう．そのような場合，お父さんは，約束だからと今後とも払わなければならないのかというと，それはNoである．詐欺による契約は，民法96条で取り消すことができる．このような，相手の主張を前提として，それでも払わなくてよくなるような事由を「抗弁」と言う．
　しかし，お父さんは，息子が出資で失敗して，こわい債権者に借金があるから，それを引き受けたと約束したのであって，自分が出資詐欺にだまされたわけではない．それでも，この条文でお父さんは支払いを拒める仕組みになっているのである．
　併存的債務引受けと並んで新設されたのが，免責的債務引受けである．

<改正後民法>
(免責的債務引受の要件及び効果) 第472条
1項　免責的債務引受の引受人は債務者が債権者に対して負担する債務と同一の内容の債務を負担し，債務者は自己の債務を免れる．
2項　免責的債務引受は，債権者と引受人となる者との契約によってすることができる．この場合において，免責的債務引受は，債権者が債務者に対してその契約をした旨を通知した時に，その効力を生ずる．
3項　免責的債務引受は，債務者と引受人となる者が契約をし，債権者が引受人となる者に対して承諾をすることによってもすることができる．

　　免責的債務引受けが併存的債務引受けと違うのは，もとの債務者は責任を免れるということである．今度は，先生が債権者として診療費を金持ちの患者に請求したところ，患者の息子なる人物が出てきて「自分が代わりに払うから親父は払わないようにしてくれ」と言った場合，OKすればこれに該当する可能性がある．債務者は自己の債務を免れるのであるから，たとえこの息子が金回りが悪く，すぐに支払いが滞ったとしても，金持ちの父親にはもう請求できないのである．

　　三者契約でなくても，2項の規定は息子がやってきて，「親父の診療費たまってるんですよね，俺が責任もって払うから親父にはもう請求しないでくれ」と言ってきて，先生が親父さんに電話をかけて，今後は息子さんからもらうからもういいよと言えば，免責的債務引受けが成立するという規定である．併存的債務引受けの場合は債権者と引受人の合意でOKであったが，免責的債務引受けの場合は債務者に通知しないと効果がない．借金が知らない間に消えているのは，気持ちが悪いとか，二重払いしてしまうからという理由である．

　　3項は，息子が入院している患者である父親に「お父さんに代わって払うよ」と言い，債権者である先生がこれにOKを出せば成立するというものである．債権者は，引受人がきちんと払えるかどうかわからないと困るので，債権者の承諾を要件としている．併存的債務引受けでも同じ条文があるが意味が少し違う．併存的債務引受けの場合は，もとの債務者にも

取り立て可能なので，別に引受人に OK を出す必要はないように思うが，勝手に振り込まれていても困るので承諾を必要としている（最近，押し貸しとか怪しいことがイッパイありすぎる）．しかし，免責的債務引受けの場合は，引受人の資力がわからないと債権者に不利益だからである．

　もし，債権者である先生が承諾しない場合には債務者の交代という効果は生じない．その場合に併存的債務引受けが成立するか否かは，引受契約の定めないし今後の裁判での解釈に委ねられることとされた．

<改正後民法>
（免責的債務引受における引受人の抗弁等）第 472 条の 2
1 項　引受人は，免責的債務引受により負担した自己の債務について，その効力が生じた時に債務者が主張することができた抗弁をもって債権者に対抗することができる．
2 項　債務者が債権者に対して取消権又は解除権を有するときは，引受人は，免責的債務引受がなければこれらの権利の行使によって債務者がその債務を免れることができた限度において，債権者に対して債務の履行を拒むことができる．

　これは，併存的債務引受けと同じである．

<改正後民法>
（免責的債務引受における引受人の求償権）第 472 条の 3
　免責的債務引受の引受人は，債務者に対して求償権を取得しない．

　これはとても大事な条文である．投資話に手を出しちゃった息子の借金を先生が肩代わりしてやる場合，いろいろな形がある．
　　① すぐ全額払ってやる場合．これは第三者弁済ということで，先生は息子さんに立て替えてやったんだから返せと言える．これが求償権である．
　　② 保証人や，連帯保証人になってやって支払う場合．これも求償権が生ずる．

③　ところが，免責的債務引受けは，引受人が他人の借金を自分の借金として履行するものなので，求償権は生じないということにされた．もちろん，後で返せよと引受人と債務者の間で，別途約束をさせた上で，債権者と免責的債務引受けをしておけば，求償権は消えない．

<改正後民法>

(免責的債務引受による担保の移転) 第472条の4

1項　債権者は，第472条第1項の規定により債務者が免れる債務の担保として設定された担保権を引受人が負担する債務に移すことができる．ただし，引受人以外の者がこれを設定した場合には，その承諾を得なければならない．

2項　前項の規定による担保権の移転は，あらかじめ又は同時に引受人に対してする意思表示によってしなければならない．

3項　前2項の規定は，第472条第1項の規定により債務者が免れる債務の保証をした者があるときについて準用する．

4項　前項の場合において，同項において準用する第1項の承諾は，書面でしなければ，その効力を生じない．

5項　前項の承諾がその内容を記録した電磁的記録によってされたときは，その承諾は，書面によってされたものとみなして，同項の規定を適用する．

　これは担保権の説明が必要かも知れない．不動産の抵当権のようなものを物的担保，保証人などを人的担保と言うが，例えば住宅ローンの際に，家や土地といった不動産について，金を借りた銀行に対して抵当権を設定する場合がある．銀行からの借金が払えない場合に，銀行は「抵当権の実行」としてその不動産を競売にかけて，その代金を銀行の有する債権の弁済にあてることができるというシステムである．

　そして，息子の借金を父親である先生が免責的に引き受けた場合，もともと息子の不動産に付いていた抵当権も，そのままお父さんが負うことになった借金の担保にあてられるということになるというのがこの規定である．今度はお父さんが払えなければ，抵当に入っている息子さんの不動産は債権者によって競売にかけられることになる．

JCOPY 498-04898

　しかし，もしその不動産が，息子さんの奥さんのお兄さんのものだったらどうだろうか．そのように債務者以外の第三者が抵当不動産を提供してくれているような場合を物上保証人という．この場合，お兄さんは自分のかわいい妹の旦那だから仕方なく自分の不動産に抵当権を付けているのであって，いきなり関係のない旦那の親父の借金を担保するのは納得しないのではないか．そこで，債務者を含む引受人以外の者が担保を設定している場合には，その者の承諾が必要であることとされた．

　債務者も含むというのは，法律の建前では，抵当権のような担保権というのは「附従性」というのがあって，担保している債権がなくなれば，原則的に一緒に消えるということになっている．「免責的」債務引受けというのは，もとの債務者である息子さんは，債務がなくなるので，息子さんが設定していた抵当権も同時になくなるのが原則だからである．だから，息子さんのマンションに抵当権が付いているなら，それをお父さんの借金（引き受けた以上はそうなる）の担保にするには息子さんのOKが必要というわけである．銀行（債権者）にしても，担保は手離したくないので，当然であろう．

　したがって，債務者が免責的債務引受契約の当事者となっている場合でも，免責的債務引受けの合意とは別に担保移転についての承諾が必要となる．これは3項で重要になってくる．

　2項は，債権者が担保の移転を望まない場合には移転させる必要がなく，また，免責債務引受により，原債務者の債務は消滅するため，あらかじめまたは免責的債務引受けと同時に，引受人に対して（引受人との免責的債務引受けの合意または債務者と引受人間の合意に対する承諾で）その旨の意思を表示することを要件としている．

　3項は，抵当権など，不動産などの物に付される担保（物的担保という）以外に重要な保証人についての規定である．息子さんが住宅ローンを組むときに保証人になった経験があるだろうし，入院患者について保証人を要求していることもあるので，経験があると思う．保証についても，物的担保と同様の規律が設けられている．

　したがって，息子さんの借金をお父さんが免責的債務引受けで肩代わり

するケースでは，息子さんの保証人に，クリニックを一緒にやっている皮膚科医の奥さんがなっている場合には，奥さんの同意がなければ，奥さんの保証債務は消えてしまうことになる．

　これは入院患者の保証の場合も注意しなければならない．例えば，患者が入院し，特別室などに入り（1泊13,000円！）保証人として患者の夫がサインしたとする．支払いが滞り，夫も体調が悪いのか，電話しても出てくれない．そのうち，患者の息子が見舞いにきて，「自分が責任もって払うから親父には連絡しないでくれ．脳出血やって，入院しているんで刺激したくない．もちろん母親も，気にしていて心配かけたくないから絶対に請求しないで」と言う．

　それじゃあ，と一筆書いてもらって，今後は息子が責任もって払う，患者には請求しないなどと言う約束をすると，いざ息子が払わないときに，脳出血からリカバリーしてゴルフ三昧の旦那に払えとは言えなくなるのである．ちゃんと併存的債務引受けの契約書にしておくべきであろう．

　4，5項は，保証契約の際も書面が要求する規定が新設されたことによる（新法446条2項3項）改正である．

　有価証券についても，今回の民法改正で商法とともに整理された．有価証券と言っても，投資などで株や投資信託などを盛んにしている先生方ならみているだろうが，最近は株式についても株券は発行されないし，生命保険証券などでみる程度か．手形をよくみる先生はクリニックも危ない経営なのかもしれない．

　有価証券というのは，学説によって違いはあるが，証券というペーパーに権利が一体化しているものと思えば大きくは外れていない．紙切れに権利性がくっ付いているというなら，1万円札は有価証券かと言うと法学者は違うと言う．1万円札は日本銀行法によって日銀が発行する銀行券であり（日銀が発行する出資証券は，東証JASDAQで取引がなされるが，日銀株ではない）法貨として強制通用力を持っているので（日本銀行法46条），有価証券ではなく，それ自体が価値があるからだそうである．

<**改正後民法**>

第 539 条の 2

　契約の当事者の一方が第三者との間で契約上の地位を譲渡する旨の合意をした場合において，その契約の相手方がその譲渡を承諾したときは，契約上の地位は，その第三者に移転する．

　改正によって新設された規定である．改正前にも明文の規定はないが，契約当事者の一方（譲渡人）と第三者（譲受人）との間の合意によって，契約上の地位を移転させることができることは，実務上も広く用いられていた．

　クリニックなどをしていても，ビルの管理会社が変わった，クラブを預けているゴルフ場の経営者が変わった，「これからは医療機器の補充は A 社から変わり，B 社が担当させて頂きます」とのはがきがきたといったことはよく経験することであろう．ビルなどの所有者が変わった場合，賃貸借関係が継続するのは借地借家法などで規定されていたし，民法上も改正後民法 605 条の 2, 605 条の 3 として賃貸人の地位の移転について特則が置かれているが，今回の改正法で一定の要件の下で契約関係を維持することが整備された．

　ある契約の相手方が変われば，それは当事者が異なる以上，全く別の契約関係であり，一から新しい当事者同士の合意がないと，契約上の権利義務は生じないのが原則である．

　この例外が包括承継という考えであり，相続と会社などの合併が該当する．親が借金して死亡したら，相続人は，それを支払う義務がある．イヤなら相続財産をすべて放棄することになる．株式会社が合併したら，元の会社の債務をすべて負うことになる．

　しかし，会社などでは，事業譲渡といって，例えば百貨店とコンビニ，スーパーを展開していたリテール業の A 会社が，不振になってきたスーパーを別の B 会社に 10 月 1 日から譲渡するケースがある．このような場合を，特定承継という．

　その際に，スーパーに商品を卸していたメーカーなどは集金について，

A 社に対して債権を持っているので，A 社に取り立てに行く必要があり，ちょうど 10 月 1 日に商品の発注がスーパーからあった場合に，もはやスーパーは B 社がやっているのだから，一から契約書を B 社と交わす必要がある．しかし，これはなかなか面倒なことだし，経済の円滑化を損なう．そこで，契約上の地位の移転ということが今までも行われてきた．判例（最高裁昭和 30 年 9 月 29 日判決）もこれを認めていたが，改正後民法は明文化した．

　条文通り，契約上の地位を譲渡する旨の合意がなされ（ゴルフ場を経営していた X 興産が Y スポーツにゴルフ場事業を売却），契約の相手方である先生（会員）が合意したときは（これは次で述べる約款で規定されているケースも多い）契約上の地位（ゴルフ場は約款に規定しているゴルフ場が提供しなければならないサービス類の提供，会員は規程遵守と一定のコスト負担）が Y スポーツと先生に移転し，X 興産は契約関係から移転する．しばらくしてコロナでご無沙汰していた友人とラウンドしたらゴルフバッグの中にしまっていたカーボンシャフトが折れていたとしても，文句は Y スポーツに言うことになる．

6. 第三者弁済

<改正後民法>

（第三者の弁済）第 474 条

1 項 債務の弁済は，第三者もすることができる．

2 項 弁済をするについて正当な利益を有する者でない第三者は，債務者の意思に反して弁済をすることができない．ただし，債務者の意思に反することを債権者が知らなかったときは，この限りでない．

3 項 前項に規定する第三者は，債権者の意思に反して弁済をすることができない．ただし，その第三者が債務者の委託を受けて弁済をする場合において，そのことを債権者が知っていたときは，この限りでない．

4 項 前 3 項の規定は，その債務の性質が第三者の弁済を許さないとき，又は当事者が第三者の弁済を禁止し，若しくは制限する旨の意思表示をしたときは，適用しない．

<改正前民法>

第 474 条

1 項 債務の弁済は，第三者もすることができる．ただし，その債務の性質がこれを許さないとき，又は当事者が反対の意思を表示したときは，この限りでない．

2 項 利害関係を有しない第三者は，債務者の意思に反して弁済をすることができない．

　第三者弁済という言葉すら聞いたことのない先生方がほとんどだと思うが，診療行為というのも一種の契約で，医療機関開設者（大学や都道府県，医療法人など）と患者との契約である．その場合，医療機関側が提供するのは手術であったり，投薬内容を決めたりすることである．病院など，もともと多くの医療従事者が診療や看護を提供しているような場合，診療契約は誰か適切な医療従事者に診療や看護をさせれば病院としては診療債務の弁済をしていることになる．

　よく，名医の診療を受けにきたのに研修医の練習台にされたなどという
クレームがあるが，最高裁平成 20 年 4 月 24 日判決（判例タイムズ 1271
号 86 頁）は，「チーム医療として手術が行われる場合，チーム医療の総
責任者は，条理上，患者やその家族に対し，手術の必要性，内容，危険性
等についての説明が十分に行われるように配慮すべき義務を有する」が，
「チーム医療の総責任者が患者やその家族に対してする手術についての説
明を主治医にゆだねた場合において，当該主治医が説明をするのに十分な
知識，経験を有し，同総責任者が必要に応じて当該主治医を指導，監督し
ていたときには，当該主治医の上記説明が不十分なものであったとして
も，同総責任者は説明義務違反の不法行為責任を負わない」などと言って
いる．手術についても同様であろう．

　しかし，個人立のクリニックで，今日は院長先生がいない，アルバイ
ターがきているといった場合には，この条文も意味を持ってくる．

　例えば，美容診療で重瞼の手術を行うような場合，あるいはピーリング
を行うような場合，その施術が性質上，院長がしないと許されないような
場合である．例えば講演会や歌手のリサイタルのような場合は，その人の
話を聞きにきているのだから，演者が変わった場合はクレームが当然にあ
るだろう．もっとも手術などは同じような技量であれば問題ない場合も多
いと思われる．しかし，患者が絶対院長じゃないとイヤだと言えば，他の
医師による手術はできない．

　問題は，あとになって「えー？　院長の施術が受けたかったのに」など
と言う患者である．今回の改正で，院長じゃなきゃいやなら最初に言って
ね，と言えることが明確になった（2 項，3 項）．

＜改正後民法＞
（預金又は貯金の口座に対する払込みによる弁済）第 477 条
　債権者の預金又は貯金の口座に対する払込みによってする弁済は，債権者が
その預金又は貯金に係る債権の債務者に対してその払込みに係る金額の払戻し
を請求する権利を取得した時に，その効力を生ずる．

　これは新設の条文であるが，重要な規定である．現代社会において，少額の弁済は現金か IC などを使った決済，ある程度の額の送金は銀行振り込みが多いのではないか．しかし，改正前民法には，預貯金口座に対する払込みによる弁済の規定はなかったので新設された．送金すれば，支払い完了なのは当たり前のように思えるが，決済システムのトラブルのような場合の扱いが実は問題になる．本条項は弁済の効力発生時期として，受取人（債権者）の預貯金契約において，「その払込みに係る金額の払戻しを請求する権利を取得した時」として明確化した．改正前民法下でも，最高裁平成 8 年 4 月 26 日判決（民集 50 巻 5 号 1267 頁）は，金融機関が入金記録した時期としていたが，金融機関の過誤やシステムトラブルなどにより入金記録がされなかった場合でも，権利は発生しているので効力は生ずるといってよいのであろう．

＜改正後民法＞

（受領権者以外の者に対する弁済）第 478 条

　受領権者（債権者及び法令の規定又は当事者の意思表示によって弁済を受領する権限を付与された第三者をいう．以下同じ．）以外の者であって取引上の社会通念に照らして受領権者としての外観を有するものに対してした弁済は，その弁済をした者が善意であり，かつ，過失がなかったときに限り，その効力を有する．

＜改正前民法＞

第 478 条

　債権の準占有者に対してした弁済は，その弁済をした者が善意であり，かつ，過失がなかったときに限り，その効力を有する．

　これはよく使う条文である．他人の健康保険証を持ってきて診療を受けた場合，支払基金に請求ができるかどうかという問題でこの条文が生きてきそうである．

　一般には，健康保険証を持ってくれば，本人だと思うのが当たり前なので，「社会通念に照らして」受領権者としての外観を有している．改正前

には「準占有者」なんていう言葉を使っていたので，わかりにくかったが，改正によって明確化された．裁判実務では内容は変わりないが，基金に対して支払いを請求するときはこの条文を持ち出すとよいかもしれない．

　銀行預金を第三者が引き出したとき，銀行は約款で判子と通帳あるいはキャッシュカードと暗証番号で引き出したならば免責されるという規定を置いているし，この条文で免責を主張するのが常である．善意・無過失の要件だが，これが意外と厳しい．平成10年の事案であるが，車ごと通帳を盗まれ，銀行ATMで通帳を入れて暗証番号（これが自動車のナンバーだった）を入力して預金を引き出されたケースで，銀行は通帳と暗証番号で引き出せることを預金者に告知していなかったので過失があり，真の預金者にちゃんと払えと最高裁判所は言っている（最高裁平成15年4月8日判決　判例時報1822号57頁）．

7. 相殺

　久しぶりの東京での学会総会．前日入りして，遠くの大学に職を得て勤務している元同僚と飲みに行き，元同僚が「払っておくよ」と言って出したアメックスが使えないので，代わりに現金で払ってやった．元同僚は，「すまん必ず返すよ」と言う．ちょうど友人の分が 12,000 円．たまたま翌日の学会総会の受付でばったり会い，会費 12,000 円を払おうとしたら，こちらは何も言ってないのに「俺が払うよ」といって元同僚が自分の分まで払ってくれた．本当は領収証をもらえたほうが，経費になるんだけど．こっちは開業してるんだから，こんなときに活かさないと……．

　このような場合，昨日の飲み代を請求する人はいないだろう．会費の立て替えを友人が代物弁済したとの構成も不可能ではないが，先生の依頼があったわけではないし，同意によりそれで清算したわけではない．

　しかし，裁判で立て替えた飲み代を払えと言って元同僚に民事訴訟を起こしても，たぶん敗訴する．それは，元同僚に相殺の意思表示をされるだろうからである．学会費について，先生の同僚は立て替えた 12,000 円について，少なくとも不当利得返還請求権を持っているので，それで相殺すると言えるからである．

　相殺というのは，このように，両当事者が対当額で債権を持っている場合，これでチャラにするぞと言えば，その分で清算が自動的になされる仕組みである．もちろん昨日の飲み代が 17,000 円だったらなら，5,000 円を元同僚に払ってもらうことは可能である．

＜改正後民法＞

（相殺の要件等）第 505 条

1 項　二人が互いに同種の目的を有する債務を負担する場合において，双方の債務が弁済期にあるときは，各債務者は，その対当額について相殺によってその債務を免れることができる．ただし，債務の性質がこれを許さないとき

は，この限りでない．

2項　前項の規定にかかわらず，当事者が相殺を禁止し，又は制限する旨の意思表示をした場合には，その意思表示は，第三者がこれを知り，又は重大な過失によって知らなかったときに限り，その第三者に対抗することができる．

　相殺の定義は，改正によって変更はない．しかし，取引によっては相殺を禁止している場合がある．経費にするとの理由で，自分の口座から引き落とされないと困るとか，資格の関係で他の人に支払ってもらうようなことでは困るような場合，相殺禁止の約束をしておく場合がある．しかし，そんな事情は当事者間の話であり，第三者は知らない場合もある．そこで，改正前民法では，以下のように「事情を知らなかった」第三者には，相殺が禁止されているという主張は通用しないとしていた．

＜改正前民法＞

第 505 条

2項　前項の規定は，当事者が反対の意思を表示した場合には，適用しない．ただし，その意思表示は，善意の第三者に対抗することができない．

　改正前は，第三者が「知らなかった」と言いさえすればよかったが，これが改正によって，第三者に重過失があれば，相殺禁止を主張してよいという規定に改められた．これは，譲渡制限の付いた債権の譲受人に対して，その者に重過失があれば譲渡制限を主張できるとした今回の改正（改正後民法 466 条 3 項）と平仄を合わせる規定である．

　医療現場で相殺が問題になる場合としては，医療費の支払いを求めたら，患者側が医療ミスで被害が生じたから支払わないというものである．「医療ミスがあると言うなら，裁判でも何でも起こしてくれ，負けたら賠償保険にも入っているし，それで支払うよ．とりあえず，医療費は支払ってね」と言いたいところだか，医療ミスの損害賠償で相殺すると言われたら，もし医療ミスが本当にあり，それが賠償につながるようなものなら，

患者側の言い分は法律上もっともである.

　逆に,医療費が高額になってるような場合,医療ミスを言い立てても,支払いのほうが大きいから,その分でチャラにすると言いたいところだが,実はこれが通らない.医療ミスによる損害賠償額が 50 万円,今までのたまった治療費が 100 万円とすると,相殺して 50 万円は払ってくれと言いたいところだか,それはできない規定になっている.医療ミスによる損害賠償は,不法行為債権(民法 709 条)であるから,相殺が従前から禁止されていたのである.

<改正前民法>
第 509 条
　債務が不法行為によって生じたときは,その債務者は,相殺をもって債権者に対抗することができない.

　この規定は,例えばホストにだまされて暴力金融屋に金を借りて,500 万円くらいの借金がある若い女性が,金融屋に「体で返せ」と脅されて強姦されたとしよう.

　強姦はもちろん犯罪で,加害者を刑事罰で罰することは可能であるが,加害者を雇用している金融会社にも不法行為責任を追及できる(使用者責任.民法 715 条 1 項.もちろん,金融会社は従業員が私的にやったことで会社は知らないと言うだろうが,取り立てが理由の性的関係なのでいわゆる外形標準という考え方で免れないと思われる).このとき,仮に強姦による治療費や慰謝料が 200 万円だったとしよう.金融屋は「わかった,じゃあ 500 万円のうち 200 万円はチャラにしてやるから残り 300 万円払いな」と言ってくることが容易に予想されるが,これは法律上禁止されている.強姦の被害につき 200 万円支払えという裁判を起こせば,いくら 500 万円の貸し金があろうとも,金融屋は負けて 200 万円を現実に支払う義務があるというのがこの条文である.本来は,このように悪意による不法行為による相殺を禁止する趣旨で規定が置かれていた.

　しかし,医療現場での事故に関しては,必ずしも不法行為だけが主張さ

れるわけではない．診療契約に基づく債務不履行（民法 415 条 1 項）な
ども賠償請求の根拠になりうる．このような場合に，不法行為と同じよう
に主張できる債権が，相殺されるのはおかしいという患者側の弁護士（労
働災害などでも同様のことが言える．労働者が操作ミスで大けが，工場も
爆破事故で大損害が生じたような場合，労働者側は雇用契約に基づく安全
配慮義務違反で工場側に損害賠償請求をしてくる場合が多い）の主張が受
け入れられたと思われるが，改正により債務不履行に基づく身体被害に関
しての賠償請求も相殺されないとの内容の条文が置かれた．

　これは医師にとっては，むしろよい改正である．COVID-19 の患者を
診ていて，ろくな PPE もなかったことから，standard precaution をせず
に，感染させ死亡した患者の遺族から損害賠償請求をされ，賠償金を支
払ったとしよう．また医師個人も COVID-19 に罹患して肺炎で死亡した
とする．医師の遺族は，PPE を供給せずに COVID-19 患者を診療させ，
その結果感染して死亡したとして，労働契約上の安全配慮義務違反で病院
開設者を訴える．しかし，医師のミス（standard precaution をしなかっ
たこと）での過失相殺，およびこれによる患者からの損害賠償請求に応じ
ざるをえなかったということでの労働契約上での義務履行違反による損害
賠償請求権も，病院側は医師（遺族）に対して有している．そして，その
損害賠償請求権で，安全配慮義務違反に基づく医師から病院側に対する賠
償請求権と相殺することができるかという問題になるが，今回の改正で債
務不履行の場合でも相殺は禁止された．

＜改正後民法＞
（不法行為等により生じた債権を受働債権とする相殺の禁止）第 509 条
　次に掲げる債務の債務者は，相殺をもって債権者に対抗することができない．
ただし，その債権者がその債務に係る債権を他人から譲り受けたときは，この
限りでない．
一号　悪意による不法行為に基づく損害賠償の債務
二号　人の生命又は身体の侵害による損害賠償の債務（前号に掲げるものを除
　　　く．）

　もっとも，賠償請求権が否定されたわけではなく，一旦は支払って，その後，反対債権の回収を行いなさいということである．例えば，高額（300万円としよう）の未収金がある美容整形の事案で，最後のピーリングで軽度の醜形があり，200万円の損害賠償が認められた場合，相殺ができないので，一旦200万円を振り込んで，それから300万円の回収を行うことになる．もちろん現実の裁判では，両方の請求権を併合審理あるいは反訴として審理するから，和解案として相殺的な金額に落ち着くことになろう．

　ただ，今後問題になるのは，相殺禁止の対象の範疇で，名誉毀損への慰謝料，説明義務違反の慰謝料などが問題になってこよう．本来は生命身体への侵害ではないから，相殺の対象になると思われるが，名誉毀損でPTSDになったとか，説明義務違反で要らない手術を受けた結果死亡した，といった場合では身体被害とも評価できることになる．実際にそうなのかを裁判では相殺ができるのかどうかについての前提事実として争われることになるであろう．

　なお生命身体の被害については，民法724条の2において，消滅時効についても時効期間の延長が規定されている．

　もう一つの改正は，不法行為による損害賠償請求権でも，悪意によるものでない物損などでは相殺が可能になったということである．従前の規定では，不法行為に基づく損害賠償請求権は，反対債権による相殺はすべて禁止されていた（最高裁昭和49年6月28日判決は物損同士の相殺も禁止）が，今回の改正で物損なら相殺OKとなった．裁判実務でも，自動車の衝突事故などでは過失相殺の規定から過失割合を認定していたが，損害額についても相殺の主張があれば判決にて判断できることになる．例えば，交差点の事故で，ロールスロイスの新車と，国産の中古ポンコツ車が正面衝突し，双方とも乗車していた人には被害はなかった場合，前方不注意などの過失割合を裁判所は評価する（例えば，ロールスロイス側が90%悪い）が，それだけだと，ロールスロイスの修理費が450万円，国産中古車が10万円だとすると，ロールスロイスの側が45万円，国産中古側が9万円のそれぞれ勝訴判決が出ることになるが，今後はロールスロイ

ス側あるいは国産側が相殺の主張をして，44万円のロールスロイス側勝訴の判決が出るのみとなる（国産側は請求棄却0円）．

　この出会い頭の交通事故のようなケースは交叉事故と言い，交通事故ではよくある事案なので，あまり問題はない．しかし，相殺する債権は，同時に発生したものでなくてもよいので，金を返さないので腹を立てた貸主が，借主の愛車をぶちこわしたような場合は問題である．相殺ができるということになれば，このような不法行為を誘発するというので相殺禁止の条文が置かれていたので，今回の改正でも悪意による不法行為は509条のような相殺禁止が付けられたままになった．ここで言う「悪意」だが，実は意味が深い．いろいろな説があるが単なる故意ではなく，相手に損害を与える目的がある場合といったことくらいに考えておけばよいと思われる．

　医療の現場でも，右の腎臓に腫瘍があると思い（シャウカステンの写真が反対にひっくり返っていた．今ではMRIがあるから起こりにくいだろうが）切除したが，病変部は左であったというような場合を想定してもよい．右の腎臓を切除するという「しようと思ってした」加害行為であって，腎動脈を愛護的に扱っていたつもりだったが鉗子で引くときに力が強すぎて損傷したような場合とは異なり，故意によるものと主張される場合がある．もはや末期であると思いレスピレーターを外したが，実際は回復可能な状況であった場合などもこれに該当しよう．刑事でも問題になりうるが，通常は過失犯として立件されている．このような場合は，損害（腎摘出・死亡）について認識しているので「故意」であるとも言えるが，患者のために行ったので「悪意」はないと言える．後者のケースなどは故意ではなく過失であるとの判断がされることが一般的であるが，今後はこの条文ができたので，「故意はあるが悪意でない」不法行為の類型が議論されていくことと思われる．

＜改正後民法＞
（差押えを受けた債権を受働債権とする相殺の禁止）第511条
1項　差押えを受けた債権の第三債務者は，差押え後に取得した債権による相

殺をもって差押債権者に対抗することはできないが，差押え前に取得した債権による相殺をもって対抗することができる．

2項　前項の規定にかかわらず，差押え後に取得した債権が差押え前の原因に基づいて生じたものであるときは，その第三債務者は，その債権による相殺をもって差押債権者に対抗することができる．ただし，第三債務者が差押え後に他人の債権を取得したときは，この限りでない．

　最高裁昭和45年6月24日判決の解釈を条文化したものである．破産法67条1項にも同様の条文がある．差押えというのは裁判所を通じていわば債権を凍結する手続であるがお互いに相対する債権を持っていれば（相殺適状と言う）相殺できるのである．

　512条および512条の2は，医師にとってはあまり関係がない条文改正（新設）と思われるので省略する．

8. 同時履行の抗弁

　そもそも医師の皆さんは「抗弁」という言葉になじみがないと思われる．

　法律は裁判規範でもあるので，対立する当事者の間の利害調整に用いられる．例えば，医療ミスで父親が死んだと主張する遺族と，外科手術を担当した医師を雇っていた医療法人との間である．

　裁判では，相手に何かを法律の条文に基づいてさせたい側（請求する側）がまず主張する．これに相手方が反論していく．例えばお金を貸したから返せと言われた場合，「えっ！ 払わねえよ！」という場合，おおむね二つの理由がある．「貸したって？ 借りてないし」という反論である．これを否認と言う．また，「ええ？ あの金，こないだ返したじゃん．そうそう，スナックで1万円足りないとか言って，そういえば貸してたよなって言うから，思い出して渡したよね？」．これは金を貸したという友人の言い分を認めて，それを前提ですでに「返した」と言う弁済の主張をすることで反論する．このような反論を抗弁と呼ぶ．

　裁判では，相手方が否認した場合は，貸した側でホントに貸したことを証明する必要があるが，もう返したと相手が言うなら「返した証拠を出せ」と言える．抗弁は，抗弁を主張する側が証明しないといけないのである．

　肝切除をめぐる医療過誤訴訟であれば，遺族が被告病院の外科医師は，患者の腹を引き裂いて肝臓を傷つけたと言えば，病院側は，疾病の治療のため患者の同意のもと開腹手術を行ったことを抗弁として主張するのが，本来の構図なのだろうが，通常は疾病の治療について適応がないとか，疾病自体が存在しないとかいったことを患者や遺族が証明する構図になっている．医療機関でもないのに，腹にメスを入れられたケースとは違う構図になっている．民法などの条文で，ある事項が抗弁なのかどうかということは，裁判での立証責任にもかかわり重要なのだが，あいまいになってい

JCOPY 498-04898

る部分もいくつかある.

　売買契約を例に考えてみる. 先生方が, 赴任先が県庁所在地から離れた市立病院で, あてがわれた公舎からも結構遠いので, 雨の日とか呼び出されたらいやだと思い, そこで車を買おうと思い, 勤務先から徒歩で帰宅中, 中古自動車屋があったとする. ハイブリッドが欲しいなと思っていたら「おっ! 程度のよさそうなフィット」があったとして, 140万円だったので交渉に入り, 3日後に話がまとまり135万円で買うことになった. 民法上は, 物と金額が折り合えば売買契約が成立である.

　クレジットカードがあればそれで払うと思われるが, 磁気不良で, しばらくは使えないといった事態なら, 現金で支払うことになるだろう. 預金を下ろせば払える. 明日病院にお運びしますので, その時にということになれば, 駐車場で車を確認して, カギと交換にキャッシュを渡すのではないか. もし車を持ってくる前に, 前金でお願いしますと言われたら, ちょっと気持ちが悪い. 一方中古屋の方は, 車を渡したが, 実は市民病院の医者なんか真っ赤な嘘で, その自動車でトンずらされたら大変である. やはり払ってもらって車のキーを渡したいところであろう. いろいろ便利になったのでさまざまな決済方法はあるが, 基本はお金と引き換えに目的物を引き渡すのである. 逆に言えば, 物をもらわなければお金は払わないし, お金をもらうまでは物は渡さないというのが本来の姿であろう. このように相手方の履行と引き換えにこちら側の履行を行うというのが「同時履行の抗弁」である.

＜改正後民法＞
(同時履行の抗弁) 第533条
　双務契約の当事者の一方は, 相手方がその債務の履行 (債務の履行に代わる損害賠償の債務の履行を含む.) を提供するまでは, 自己の債務の履行を拒むことができる. ただし, 相手方の債務が弁済にないときは, この限りでない.

<改正前民法>
第 533 条
　双務契約の当事者の一方は，相手方がその債務の履行を提供するまでは，自己の債務の履行を拒むことができる．ただし，相手方の債務が弁済期にないときは，この限りでない．

　改正前の 533 条で定められていたものと内容は変わっておらず，債務の履行に代わる損害賠償債務（填補賠償債務）と他方当事者の債務（売買代金支払債務など）が同時履行の関係に立つとの判例などで認められていた解釈を，今回の改正で明文化している．

　テクニカルな部分であるが，改正前民法の 571 条は「533 条の規定（同時履行の抗弁）は，第 563 条から第 566 条まで及び前条の場合について準用する．」との定めを置いており，売り主の瑕疵担保責任において，売主の損害賠償債務と買主の代金支払債務について同時履行の関係に立つ旨を規定していた．どういうことかというと，売った物に瑕疵（何かしらの欠陥など）があれば，買主は売主に対して損害賠償請求ができるが，売主からの代金請求に対して，その賠償請求が同時履行になるという（結果的には金銭債権同士なので相殺のように対当額でチャラにするということになろう）規定である．今回の改正では，特別に条文を置かなくても 533 条の改正（カッコ書の追加）で対応できるので 571 条は削除された．この辺は法律家の間ではいろいろ議論のあるところではあるが，興味はないと思われるのでこのくらいにとどめる．

JCOPY 498-04898

9. 定型約款

　パソコンなどを買ったとき，機器類のリースの際に薄い紙にいろいろ印刷したものにサインする，ウェブで注文するときにスクロールしてクリックさせられる，ホテルの宿泊の際に部屋に置いているサービスハンドブックの後ろに「ホテル約款」としてあれこれ規定が書いてある．電車に乗るときに，払い戻しなどのルールについては「約款による」と言って，クレームを付けても駅員はとり合わない．

　しかし，先生方はそんな文書を隅々まで目を通すことはまずあり得ないであろう．そんな文書が約款と呼ばれるものである．

　その一方で，患者に対しては，「肝臓もしらべておきますね」「それじゃ頭のCTをとっておきましょうか」と聞くことはあっても，費用を示して同意をとることはあまりないであろう．健康保険診療は法令に基づいているという特殊性があるが，法令に基づかない自由診療である健診の契約などは，約款によることが多いのではないか．

　現在の社会は契約で成り立っている．いま挙げたような行為は，私たちの日常生活で常に出てくる「取引」であるが，個々の条項について両者が協議して決めていくようなことはまずなされない．そんなことをしていてはビジネスが成り立たないからである．サービスも含めて大量消費社会においては，画一的な処理の必要性は高く，診療行為のように最高に個性が重視される契約ですら，健康保険法は一種の約款に基づく契約になっているのである．

　このような約款については民法では規定がなかった．しかし，実際には上に示したような約款が，B to B（Business to Business，事業者同士）B to C（Business to Consumer，事業者と消費者）のいずれの関係でも頻用されている．約款をめぐる紛争に関しては裁判例がいくつかあるが，それぞれの事案ごとに，当事者間の合意の存否・範囲の認定や信義則の適用，公序良俗違反などの一般条項を用いて修正を加え，さらに消費者契約

法の成立によって，消費者に不利な条項からの救済を図ってきた．確か
に，約款での取引は，事業者が多数の顧客との画一的な内容の取引を実現
するために不可欠であり，現在の経済社会において必要である．しかし，
法的なルールが約款を明確にカバーしていないために，事業者にしてみれ
ば，どのような規定を書いておけばよいのか不安定であるし，約款にサイ
ンする側もどんなトラップがあるかも知れないと思えば，サインしない
（クリックしない）から，結局は事業者も売上が上がらない．そこで，一
定の明文での法規制があったほうがよいのではないかということは以前か
ら言われていた．しかし，経済界はあまりに規制があるとやりにくいとい
うので，法制審議会はもめたらしい．医師は法制審議会には入れてもらえ
ないが，契約書より民法で規律される医療現場から法制審議会に代表が出
ていないのはおかしなことである．

<改正後民法>
（定型約款の合意）第 548 条の 2
1 項　定型取引（ある特定の者が不特定多数の者を相手方として行う取引であっ
　　て，その内容の全部又は一部が画一的であることがその双方にとって合理的
　　なものをいう．以下同じ．）を行うことの合意（次条において「定型取引合
　　意」という．）をした者は，次に掲げる場合には，定型約款（定型取引にお
　　いて，契約の内容とすることを目的としてその特定の者により準備された条
　　項の総体をいう．以下同じ．）の個別の条項についても合意をしたものとみ
　　なす．
　　一号　定型約款を契約の内容とする旨の合意をしたとき．
　　二号　定型約款を準備した者（以下「定型約款準備者」という．）があらか
　　　じめその定型約款を契約の内容とする旨を相手方に表示していたとき．

　さて一般的には，約款とは「多数の取引に用いるためにあらかじめ定式
化された契約条項の総体」といった定義がされることが多いが，改正後民
法では「定型約款」という，より狭い定義の概念を導入（548 条の 2 第 1
項）し，定型約款に関する効果付与と規制を用意した．結論から言えば，
リースの際の細かい文書は，約款と記載されていても「定型約款」ではな

いとされよう．以下「定型約款」とされる要件をみていこう．

（ i ）定型約款の要件として「多数の取引に用いるため」とはある取引主体が取引の相手方の個性を重視せずに多数の取引を行うような場面を抽出するための要件である．例えば労働契約は，相手方の能力や人格などの個性を重視して行われるので定型約款の規定からは除外されている．その一方で，労働契約については，就業規則や労働協約といった形で画一的関係を処理するスキームも用意されている．同様に，仮に医療機関が診療そのものについて約款を定めても，今回の改正後民法で規定される定型約款の範疇からは外れることになろう．しかし，病室の使用や，テレビや冷蔵庫といった物品の使用，その他貸与品などの使用については約款を定めておいてもよいと思われる．また診療行為についてのものであっても，その外枠を定めることは定型約款で定めることも可能であろう．例えば海外旅行をする場合に，旅程や使用飛行機，食事などさまざまな顧客の希望があり，種々のサービスを旅行会社は対価をとって提供するが，旅行約款は明確に存在し，これによって取引がなされているのが現実である（キャンセル料や，トラブルでの中止の際の規定など）．

（ ii ）また，一定のサービスを求める者に対してのみ提供されるサービス契約であるからと言って，不特定多数の顧客を契約の締結対象としていないことにはならない．新婚旅行ツアーや大学卒業旅行ツアーであっても旅行会社の約款に従うことが一般である．なお，旅行業や宅建業など多くの業種は約款について監督官庁のチェックが入っていたり，業界団体のモデル約款を使用している場合が多い．しかし，このような規制は公的規制であって，直ちにユーザーとの関係を規律するものではない．ユーザーとの関係はやはり民法で処理される．医療過誤事件で健康保険法ではなく民法が出てくるのと同じである．

（ iii ）次の要件は，双方にとって画一性が合理的な場合という要件である．定型約款を細部まで認識していない者を拘束することが許容されるのは，定型約款を利用しようとする定型約款準備者だけでなく相手方（顧客）にとっても取引の内容が画一的であることが合理的であると客観的に評価することができる場合に限られるということを表す要件である．

　この要件との関係で，事業者間取引（B to B）やそこで用いられる契約書のひな形については，基本的に「定型取引」「定型約款」から除外される．事業者が自らの事業活動上の便宜のために顧客や取引先との取引内容を画一化すべく「約款」を作成していたとしても，約款を利用して画一的な契約内容を定める客観的な必要性に乏しい取引は取引内容の画一性が「双方にとって合理的」とは言えないので，「定型約款」には該当しないとされる．これなどはかなり判断が微妙であり，裁判所が最終的に判断することになろうが，業界団体が定型約款として作ってしまって defact にするということもありうる．

　（ⅳ）もう一つの要件が「補充要件」というもので，これはわかりにくいであろう．定型約款準備者が契約の内容を補充（組入）する目的で，事前に作成していた定型的な契約条項を対象とすることを示す要件とされるが，私たちが加入している医師賠償保険はこれに相当すると思われる．この要件との関係で，その約款が契約と評価できる条項であること，当該取引における中心的な条項のほかに複数の契約条項が存在することが前提となる．また，契約に際して特定の相手方との間で特別に設けられた条項は定型約款に含まれない．

　契約の相手方ごとに記載が補充されることが予定されている契約条項は，基本的に「その特定の者により準備された条項」にはあたらず，定型約款に該当しないとされる．契約書のひな形みたいなもので，約款のような画一的処理の要請がないからということであろう．

　しかし，スマホの契約のように，料金の設定や契約期間の判断が定型化されているという実情がある場合には定型約款とみることは適切であろう．複数のプランが事前準備され，顧客がプランの中から選択・補充することが予定されている場合などは，全体として一つの定型取引ではあるものの，プランごとに，同一プランを選択した利用者についての契約内容を画一的に定めることを目的として，複数の定型約款が準備されたものと言えるからである．

　また，仮に定型約款が準備されていても，特定顧客との関係で，個々の条項を削除したり変更修正したりしているような場合は，個別合意（個別

取引）が存在することで「その内容の全部又は一部が画一的であることが双方にとって合理的なもの」と言えない事案ということになり，当該取引は全体として「定型取引」に該当せず，そこで使用されている契約条項群も「定型約款」に該当しないとされる．その一方，「全体としては定型取引であり，ごく一部に個別合意が存在する」事案の場合は，当該取引は全体としては「定型取引」に該当し，そこで使用されている契約条項群も「定型約款」に該当することになろう．

では定型約款ということになると，どんな効果が生ずるのであろうか．

548条の2第1項は「定型約款」の個別条項に合意したとみなすことができる要件（いわゆる組入要件）の規定である．下記①または②が満たされる状況で定型取引合意がなされた場合に，両当事者で約款記載の内容で契約が成立したとする規定である．

① 定型約款を契約の内容とする旨の合意をしたとき

② 定型約款準備者があらかじめその定型約款を契約の内容とする旨を相手方に表示していたとき

①の定型取引合意とは，約款記載の個別の条項を認識したという意味ではなく，「いいようにやってくんな」といった同意に近い．病院のコインロッカーに荷物を保管する際には，コインロッカー使用約款が横の壁に貼ってあっても，読む人は稀であろう．しかし，荷物を保管するために対価を支払ってコインロッカーを使用する認識はあり，使用しようと300円を入れたら，定型取引合意があったというわけである．もちろん「当社が作成する約款が適用される」旨の記載のある入会申込書にサインすれば合意は認められるであろう．

②の「定型約款準備者があらかじめその定型約款を契約の内容とする旨を相手方に表示していたとき」という条項があることから，特定の定型約款を契約の内容として組み入れる旨の合意がない場合も，定型約款準備者があらかじめ当該定型約款を契約の内容とする旨を相手方に「表示」して定型取引合意がなされた場合も，約款条項が契約の内容となる．

定型約款準備者の定型約款による旨の「表示」に対して相手方が異議をとどめずに定型取引合意をした場合を，黙示の合意がされた場合と同様

に，定型約款の個別の条項に合意があったものとみなす規定である．ここで注意するべきは，相手方に対する定型約款の内容の開示や認識可能性は，条文上の組入要件とされていないことである．ただし，定型取引合意前における相手方からの約款内容の開示請求を定型約款準備者が拒否した場合，本条項が定める組入規定は適用されず，当該約款条項は契約内容にならない（改正後民法548条の3第2項）．ウェブ上に挙げておくという対応が考えられるが，これでは不十分との考え方も強いようであり，今後の裁判例で決まっていくと思われる．

＜改正後民法＞

（定型約款の合意）第548条の2

2項　前項の規定にかかわらず，前項の条項のうち，相手方の権利を制限し，又は相手方の義務を加重する条項であって，その定型取引の態様及びその実情並びに取引上の社会通念に照らして第1条第2項に規定する基本原則に反して相手方の利益を一方的に害すると認められるものについては，合意をしなかったものとみなす．

　「定型約款」を使用した取引の適正化を確保するために，約款取引の顧客の利益を害する「不当条項」や「不意打ち条項」は例外的に契約内容とはならない旨の規定である．

　例えば，エコー装置を購入したら，約款に継続的なメンテナンス料の支払い条項が入っていたといったような事案が不意打ち条項である．メンテナンス料金として問題のない適正価格であったとしても，約款をみるまでは想定していないような規定が入っている場合の救済規定である．一方，不当条項というのは，事前の営業マンの説明と異なるウェブコンテンツなのでコンテンツ提供契約を解除すると申し出たところ，「契約後の解約は一切できない」という約款条項を根拠に解約に応じないようなケースでは，債務不履行の一般条項を使っての解除のほか，本規定も使いうる．BtoCの場合は消費者契約法10条での取消しが可能なので，実際にはこの条項を使わなくてもよい場合が多いであろう．

<改正後民法>

(定型約款の内容の表示) 第 548 条の 3

1 項　定型取引を行い，又は行おうとする定型約款準備者は，定型取引合意の前又は定型取引合意の後相当の期間内に相手方から請求があった場合には，遅滞なく，相当な方法でその定型約款の内容を示さなければならない．ただし，定型約款準備者が既に相手方に対して定型約款を記載した書面を交付し，又はこれを記録した電磁的記録を提供していたときは，この限りでない．

2 項　定型約款準備者が定型取引合意の前において前項の請求を拒んだときは，前条の規定は，適用しない．ただし，一時的な通信障害が発生した場合その他正当な事由がある場合は，この限りでない．

　　定型約款準備者は，契約前および契約後相当の期間内に相手方から請求があった場合には，遅滞なく相当な方法で約款内容を示さなければならない（1 項）として，契約で「当社約款による」と書くんだったら，約款みせろと言われたらみせないといけないということである．もちろん，すでに提示している場合は「もうみせたでしょ」と言えばいいという当たり前の条項である．違反の効果は，「みなし合意規定」は適用されない（2 項）ということで，約款の記載は適用されないことになる．違反の効果として，そんな契約はやめだ（解除）ができるかどうかは個々の契約の解釈によると思われる．ウェブに挙げてある URL を示したり，約款のコピーを渡せばよいと思われる．コピー代は情報の提供とは別なので大部分の場合は請求できそうであるが，反対説もある．

<改正後民法>

(定型約款の変更) 第 548 条の 4

1 項　定型約款準備者は，次に掲げる場合には，定型約款の変更をすることにより，変更後の定型約款の条項について合意があったものとみなし，個別に相手方と合意をすることなく契約の内容を変更することができる．

　　一号　定型約款の変更が，相手方の一般の利益に適合するとき．

　　二号　定型約款の変更が，契約をした目的に反せず，かつ，変更の必要性，変更後の内容の相当性，この規定により定型約款の変更をすることがある

　　旨の定めの有無及びその内容その他の変更に係る事情に照らして合理的な
　　ものであるとき.
2項　定型約款準備者は，前項の規定による定型約款の変更をするときは，そ
　　の効力発生時期を定め，かつ，定型約款を変更する旨及び変更後の定型約款
　　の内容並びにその効力発生時期をインターネットの利用その他の適切な方法
　　により周知しなければならない.
3項　第1項第二号の規定による定型約款の変更は，前項の効力発生時期が到
　　来するまでに前項の規定による周知をしなければ，その効力を生じない.
4項　第548条の2第2項の規定は，第1項の規定による定型約款の変更に
　　ついては，適用しない.

　　定型約款準備者が，定型約款に基づいて締結された契約について，個々
の顧客の個別の同意を要することなく，定型約款の変更という手続によっ
て契約内容を変更することができる要件を定めた規定である.

　　定型取引も契約なので，約束した後で一方が内容を変更できるなんて，
どこかの国みたいなことは本来あってはならない. 安易な約款変更を許容
することは，相手方の権利・利益を著しく不安定にするから，原則的には
変更のたびに約款に基づく契約をとったときと同様の同意書面をとるべき
だろう. しかし，臨床研究などで，研究者の入れ替えや研究期間の延長，
新規研究機関の参加などは，倫理委員会の迅速審査などで，再同意は不要
で研究を進めているのではないか. それと同じように，約款というものが
大量画一的な処理の規定なので，ある程度は許容しないと契約コストが膨
らむことでユーザーが不利益になる可能性もある.

　　しかし，臨床研究も同様であるが，「契約の目的」に反するような約款
変更は認められない. この契約目的は，相手方の主観的な意図を意味する
のではなく，契約の両当事者で共有された当該契約の目的を意味するもの
である. 倫理委員会でも，研究目的を達成するために，尿中の特定抗原の
検査という当初研究計画を変更して，最近わかった別の抗原についても検
査を追加するとした場合は，再同意が必要と言われるのではないだろう
か.

　　もっとも，中心条項と言われるコアな部分が一切変更できないわけでは

ない．鉄道の利用についても定期券の有効期間中に廃線になる場合があるが，約款によるだけで個別同意をとって廃線にするわけではない．結局は総合的にみて，相手方に不利益がなく，合理性，やむを得ない点があることが考慮されよう．

これに加えて，変更に係る諸事情に照らして，「変更が合理的」であると言えることが要件とされている．この「合理性」についても，定型約款準備者にとってではなく，客観的にみて当該変更が合理的と言えるかという要件である．条文上，「変更の必要性，変更後の内容の相当性，変更条項の有無・内容その他の変更に係る事情」が挙げられている．

「変更の必要性」としては，なぜ定型約款の変更を行う必要が生じたかといったことに加えて，個別の同意を得ることが困難である事情が臨床研究と同様に重視される．「契約」はなんと言っても両当事者の意思の合致が最大の重要ポイントだからである．「変更条項の有無・内容」に関しては，単に定型約款を変更することがある旨を規定しておくのみでは，合理性を肯定する事情としては考慮されない．改正後民法第548条の4第1項の規定に適合したような変更規定があり，かつ，実際に上記規定に沿った手続が履践されている場合にのみ考慮しうる要件である．「その他の事情」は，変更によって相手方が受ける不利益の程度や性質，このような不利益を軽減させる措置がとられているかなどが考慮される．例えば，変更がいやなら解除して契約から離脱できる規定などは必要ではないか．

2項では，定型約款の変更手続について，約款変更の効力の発生時期を定め，かつ，約款を変更する旨および変更後の約款内容ならびにその効力発生時期をインターネットの利用その他の適切な方法で周知しなければならないと規定している．

3項では，約款変更をするときは，効力発生時期が到来するまでに上記周知をしなければ，約款変更は効力を生じないと規定されている．

4項では，定型約款の変更の有効性については，本条によって判断されるもので，改正後民法548条の2第2項のみなし合意除外規定で判断されるものではない旨が注意的に規定されている．

上記の記載からわかるように，約款準備者が「事業者は自由に約款を変

更できる」と定型約款に定めても，自由に約款を変更することはできない．むしろ包括的な約款変更権を事業者に与えるような変更規定は法的に無効な不当条項であるとされる．

　改正後民法548条の4第1項の規定に適合した「事業活動上の合理的な変更の必要性がある場合に，当該必要性に照らして相当な範囲・内容での約款変更を，事前開示など適正な手続のもとで実施できる」旨の規定があり，かつ，実際に上記規定に沿った手続が履践されている場合にのみ，変更が許される場合があると考えればよいであろう．

JCOPY 498-04898

10. 売買契約における瑕疵から契約不適合への「パラダイム転換」？

　売買契約というのは，日常生活の中で最も多く行われる取引であり，民法の規律の基本となるべき部分と言える．民法を勉強する際には，売買契約を例にとって説明されることも多い．しかし，売買契約独自のルールもいくつかあり，この点を確認しておく必要がある．売買についての条文自体は変更されていない．

<**改正後民法（改正なし）**>
（売買）第555条
　売買は，当事者の一方がある財産権を相手方に移転することを約し，相手方がこれに対してその代金を支払うことを約することによって，その効力を生ずる．

　スーパーマーケットなどでは動産である野菜やパック商品が現金あるいはIC カードなどでの決済で取引されているがこれももちろん売買である．一方，大きな売買としては不動産売買がある．民法の条文も不動産売買などをモデルに，トラブルの際の基準を定めていると言ってよい．

　不動産の場合，マンションや診療所の開設用地をみにいって気に入ったら，手付金を支払うことが多い．だいたいが業者は「売れ残って大変なんです」とは絶対に言わない．「ほかにもみたいという引き合いが多くて．今なら押さえられるんですが……」などとセールストークを展開するのが通常であるから，とりあえず押さえておきたいと思った顧客は申込金などを払わされる場合が多いが，これなど法律上は微妙なところである．売買契約において，いつでも相互に「やっぱりやめる」と言えるような状態で保留しておきたいシチュエーションは，通信技術が進んでいない昔のほうがニーズが大きかったであろうから，手付けという制度ができている．買主が手付金を交付した場合，その後，本当に契約する気がなくなった場

合，その手付金を放棄して契約をなかったことにできるという制度である．逆に売主は手付け倍返し（半沢直樹じゃない）で契約を解除できる．

＜改正後民法＞

（手付）第 557 条

1 項　買主が売主に手付を交付したときは，買主はその手付を放棄し，売主はその倍額を現実に提供して，契約の解除をすることができる．ただし，その相手方が契約の履行に着手した後は，この限りでない．

2 項　第 545 条第 4 項の規定は，前項の場合には，適用しない．

＜改正前民法＞

（手付）第 557 条

1 項　買主が売主に手付を交付したときは，当事者の一方が契約の履行に着手するまでは，買主はその手付を放棄し，売主はその倍額を償還して，契約の解除をすることができる．

2 項　第 545 条第 3 項の規定は，前項の場合には，適用しない．

　そのくらい知っていれば十分であるが，今回の民法改正では，改正前民法の「倍額を償還」との文言からは，不動産屋から先生に対して現実に倍額を払い渡さなければ手付解除ができないようにも読めるが，最高裁平成6 年 3 月 22 日判決は，倍額を「現実に提供」，すなわち実際に倍額を渡さなくても「いつでもとりにきてね」といっておけば足りるとしている．そこで，改正後民法ではこれを明文化した．

　また，いつでも解除できると言っても，契約の決済前に，一応土地を引き渡してもらいクリニックを建て始めてから，不動産屋が，やっぱりもっと高く買ってくれる人がみつかったからやめますと言われても困ってしまう．そこで，一方が履行に着手した場合は手付け解除が不可となる規定がある．ただ，改正前民法の「当事者の一方が契約の履行に着手するまでは」との文言からは，相手方のみならず自身が履行に着手した場合も手付け解除ができなくなるようにも読めるが，最高裁昭和 40 年 11 月 24 日判決は，条文の趣旨を，履行に着手した当事者が，契約が白紙になることは

ないと信じたことを害しないようにするためのものであるとして，手付け解除をしようとする者がすでに履行に着手していたとしても，「相手方が」履行に着手するまで手付け解除をすることができるとしたので，この最高裁の考え方を条文に明記した変更を行ったと言える．だから，車の売買などで手付け金を打って，車屋が今から持っていきますねと連絡してきたとしても，引渡し前であれば「やっぱりやめた」は，特に契約書に特別記載がなければ可能である．

　改正前民法の文言からは「履行に着手」の主張立証責任は明らかではないが，すでに自身が履行に着手しているとして手付解除の有効性を争う相手方にその主張立証責任を負うものと解釈していた裁判実務に合わせて，改正後民法ではこの点をただし書きに規定する形式としている．

　さて，不動産や自動車など高い買い物については，単にお金を払って現物の引渡しを受けたからといって安心してはいけない．「権利証」を持った人が現れて，これは私のものだと言われたら，自分のほうが先に買って引渡しを受けていても裁判では負けてしまう．これを「対抗関係」と言う．不動産なら登記，自動車なら陸運局への登録のある名義人が対抗力を持っていて，裁判では勝つのである．それなら，買主としては，当然，売主が登記や登録をしておくべきだと言いたいところである．これについては改正前民法では規定がなかったので今回置かれた．

＜改正後民法＞
（権利移転の対抗要件に係る売主の義務）第560条
　売主は，買主に対し，登記，登録その他の売買の目的である権利の移転についての対抗要件を備えさせる義務を負う．

　売買というのは，自分の所有物を売るのが原則だが，民法は自分のものでなくても売買契約が有効に成立することとしている．

<改正後民法>

(他人の権利の売買における売主の義務) 第561条

　他人の権利 (権利の一部が他人に属する場合におけるその権利の一部を含む.) を売買の目的としたときは, 売主は, その権利を取得して買主に移転する義務を負う.

<改正前民法>

(他人の権利の売買における売主の義務) 第560条

　他人の権利を売買の目的としたときは, 売主は, その権利を取得して買主に移転する義務を負う.

第561条

　前条の場合において, 売主がその売却した権利を取得して買主に移転することができないときは, 買主は, 契約の解除をすることができる. この場合において, 契約の時においてその権利が売主に属しないことを知っていたときは, 損害賠償の請求をすることができない.

(他人の権利の売買における善意の売主の解除権) 第562条

1項　売主が契約の時においてその売却した権利が自己に属しないことを知らなかった場合において, その権利を取得して買主に移転することができないときは, 売主は, 損害を賠償して, 契約の解除をすることができる.

2項　前項の場合において, 買主が契約の時においてその買い受けた権利が売主に属しないことを知っていたときは, 売主は, 買主に対し, 単にその売却した権利を移転することができない旨を通知して, 契約の解除をすることができる.

　医局に置いてあった本をまとめて誰かに売ったら, 実は先輩から借りた Robinson の病理学が紛れ込んでいた (読まないから積ん読で忘れ去られる) ようなケースでも, 買主にとっては売買は有効ということである.

　今回の民法改正では, 契約類型ごとにあれこれ規定されていたのを, 総論にすっきりまとめたので, 改正前の561条と562条の規定は削除された. すっきりまとめたと言うが, 基本的には売買契約で何か問題があった

とき（目的物に瑕疵があった場合）どうするかというテーマに一般的な解決基準を置いたのである.

　医師の中でも，聞きかじりか「瑕疵」という言葉を使う人がいるが，瑕疵という言葉は改正後民法からはとり除かれたし，もともと診療のような役務提供型の契約では使わない用語である．医学用語でもそうだが素人が聞くと，医療に詳しいように勘違いするが，玄人が聞くと知ったかぶりになるので注意されたい.

　さて，売買契約では，改正前民法では，売主には「瑕疵担保責任」というものが規定されていた．契約は約束だから，約束通りしないと何らかのペナルティがあるのはやむを得ず，これを債務不履行責任（民法415条）というが，売買契約についてはこの一般原則とは異なる特則として瑕疵担保責任が定められていた．これは診療契約のような純粋な役務提供型契約とは大きく異なるところである．診療契約では，見立てが違っても，虫垂炎の手術で患者が死亡しても，それだけでは法的責任が生じない．しかし，買って配送してもらったものが違うものであったら取り替えなどを求めるのは当たり前であろう．患者の中には，後者と同じように診療契約でも悪しき結果が生じたら賠償してもらえると勘違いしている者がいるが，売買と診療では法律の条文がそもそも違うのである.

　売買契約の瑕疵担保責任（改正前）は以下のような点で，通常の債務不履行とは違っていた.

① 無過失責任である点：なぜ違う品が配達されたかなど，その理由は買主にとってどうでもよいということである.

② 買主の善意または善意無過失（隠れた瑕疵の要件）が要求されている点：古着で，シミや色落ちがあるから安いんだという場合，シミについては「隠れた瑕疵」とは言えない．ジャンク品はノークレームである.

③ 買主の救済手段が損害賠償と解除に限られ，一部の類型について代金減額請求権が認められている点：損害賠償については，信頼利益についての賠償とされ，ちゃんとした商品が届いていれば，これもできて，これだけ儲かったという損害（履行利益という）

　　　の賠償については，売り主に落ち度がないと認められない．

④ 解除については，「こんなのをもらっても買った意味がない」とか，「この機能がないと買わないよ」といった要件が必要である点，しかし催告は要求されておらず，売買契約の内容と違うものがきたら「これダメ，返すわ，金返してね」と言える点

⑤ 買主が欠陥を知った時から1年との期間制限が設けられている点

　学説では，瑕疵担保責任についてあれこれ解釈をしており，契約責任説といった考えを主張する学者も大勢いたが，裁判所実務では，概ね上記の①〜⑤という特殊性のある法定責任説という考えに立っていた．

　ところが，民法改正では，契約類型ごとにあれこれ特則を設けずすっきり行こうぜということであろう，契約責任説という考えに整合的な条文改正が多数行われた．

　確かに現代の売買の目的物は，昔のように，一つ一つが手作りというわけではなく，大量生産の工業製品などが中心で，不具合があれば履行の追完で対応するのが通常である．また，目的物が特定物なのか不特定物なのかの判別は必ずしも容易ではない上，特定物だからといって直ちに修理などの追完による対応が不可能と帰結するのが妥当でない場合もある．裁判所が採用していた法定責任説では，中古品や不動産のような特定物と大量工業製品のような不特定物とで取り扱いを分けるのだが，これでは複雑になるので，改正後民法では，目的物が特定物か不特定物かにかかわらず，売主に契約不適合なき物の給付義務があるとする契約責任説の立場から，目的物に契約不適合があった場合の買主の救済手段に関する規定を整理している．

＜改正後民法＞

（買主の追完請求権）第562条

1項　引き渡された目的物が種類，品質又は数量に関して契約の内容に適合しないものであるときは，買主は，売主に対し，目的物の修補，代替物の引渡し又は不足分の引渡しによる履行の追完を請求することができる．ただし，

　売主は，買主に不相当な負担を課するものでないときは，買主が請求した方法と異なる方法による履行の追完をすることができる．

2項　前項の不適合が買主の責めに帰すべき事由によるものであるときは，買主は，同項の規定による履行の追完の請求をすることができない．

＜改正前民法＞

（売主の瑕疵担保責任）第570条

　売買の目的物に隠れた瑕疵があったときは，第566条の規定を準用する．ただし，強制競売の場合は，この限りでない．

第566条

1項　売買の目的物が地上権，永小作権，地役権，留置権又は質権の目的である場合において，買主がこれを知らず，かつ，そのために契約をした目的を達することができないときは，買主は，契約の解除をすることができる．この場合において，契約の解除をすることができないときは，損害賠償の請求のみをすることができる．

2項　前項の規定は，売買の目的である不動産のために存すると称した地役権が存しなかった場合及びその不動産について登記をした賃貸借があった場合について準用する．

3項　前2項の場合において，契約の解除又は損害賠償の請求は，買主が事実を知った時から1年以内にしなければならない．

　改正前は追完請求権については規定がなかった．また，瑕疵担保責任について566条の規定を売買の規定で準用していた．

　この改正については，いくつかのポイントがあるが，まずは買主の追完請求権を明確にした点である．改正前には，特定物の売買契約における買主の追完請求権の規定はなく，売主は，売買契約の目的となった特定物（中古品や不動産など）を現状で引き渡せば足り，当該特定物に契約の趣旨からは不適合な点があったとしても，売主はすでになすべき債務を履行している以上，買主は追完請求することはできないということになる．「これをくれ」とお客さんがおっしゃったのでこれをお渡ししただけですが，それで何か？ でOKなのである．これに対して，改正後民法は，目

的物が特定物か不特定物かを問わずに買主の追完請求権を認める規定を設けることによって，目的物が特定物か不特定物かにかかわらず，売主に契約不適合なき物の給付義務があるとしている．なお，この規定は559条の適用を経て，有償契約（お金を払ってしてもらう契約）一般に準用される．

次に，改正前民法で「瑕疵」という文言が用いられていたが，医師も含めた一般人にはわかりにくいので，「引き渡された目的物が種類，品質又は数量に関して契約の内容に適合しないものであるとき」と規定されることになった．瑕疵から契約不適合へ変わったのである．また，「隠れた瑕疵」の要件についても，あくまで売主がなすべき債務を履行したか否かが重要なので，買主の主観は本来問題とならない．したがって，改正後民法では，契約不適合が「隠れた」ものであることは要求されず，善意の買主に限って救済手段を定める現行法の規定はすべて削除されている．今回の民法改正では「瑕疵」から「契約不適合」というパラダイムシフトが行われていると言う人もいる．「瑕疵」という言葉を，知ったかぶりで使うのは，やめたほうがいいかもしれない．

その他，改正前民法の「隠れた瑕疵」すなわち，買主が契約不適合性について知らないこと（善意）の要件は削除されたし，目的物の数量不足も「物」の契約不適合に分類されることになった（改正後民法562条1項）．これは，サージカルマスクを1,000枚と頼んだのに700枚しか入っていないという数量指示売買に限らず目的物の数量不足全般が含まれるとされる．数を指定しなくても，これだけのg（グラム）数があるのが契約当事者間では当然なのに入っていないようなケースも含まれるというのである．

また，物や権利の契約不適合は，買主の権利の短期期間制限および競売の場合の取扱いを除いては，同じ規律に服することになった（改正後民法565条）．

売主の担保責任の同時履行を定める改正前民法571条は削除され，代わりに改正後民法533条に同時履行の関係に立つ債務として「債務の履行に代わる損害賠償の債務」が明定された．同時履行というのは，対価的

関係に立つ契約（双務契約という）においては，反対給付がないと，自分の義務を履行しなくてもよいというルールである．例えば，先生が，リットマン™の聴診器を，新しいのに買い換えたので，同僚に 1,000 円で譲るよと約束したとしよう（売買契約はこれで成立している）．ある朝，ちょうど先生に新しい master cardiology が届いたので，医局で自分の胸に当ててにんまりしていると，同僚が，「あっ，聴診器，当直先に置いてきちゃった．今日は外来なのに」と言って，「あ，先生，新しいのきたんだね．じゃあ約束通り，古いのもらっていくね．1,000 円は昼飯のときにでも」と言って持っていこうとしたら「ちょっと待て，金と引き替えだ」と法律上言えるということである（もちろん代わりに友達をなくす）．

また，追完請求権（改正後民法 562 条，565 条），代金減額請求権（改正後民法 563 条，565 条）といった買主の救済手段が条文上定められた．

売買契約における，解除や損害賠償請求の要件・効果は，債務不履行の一般原則に委ねられた（改正後民法 564 条）．これは非常に大きなパラダイムシフトであり，物の契約不適合または権利の契約不適合の場合の解除および損害賠償について定める改正前民法 561 条，563 条 2 項および 3 項（565 条により準用される場合も含む），566 条 1 項（同条 2 項および 570 条により準用される場合も含む）および 567 条は，いずれも削除された．最高裁の判例，裁判所実務であった法定責任説が全否定され，契約責任説に変わったということである．

短期期間制限については，目的物の種類・品質の不適合の場合の買主の権利についてのみ契約不適合を知った時から 1 年とされ，買主が 1 年以内になすべき行為も「契約の解除又は損害賠償の請求」から「不適合の通知」に緩和された（改正後民法 566 条）．一方，数量不足および権利の契約不適合の場合の買主の権利は消滅時効の一般原則にのみ委ねられた．

あまりないと思うが，競売物件の場合，目的物の「種類又は品質」の不適合については買受人には上記の救済手段は認められず（改正後民法 568 条 4 項），数量不足および権利の契約不適合については解除権または代金減額請求権が認められた．以下，関連する改正後条文だけ挙げておく．

＜改正後民法＞

（債務不履行による損害賠償）第 415 条

1 項　債務者がその債務の本旨に従った履行をしないとき又は債務の履行が不能であるときは，債権者は，これによって生じた損害の賠償を請求することができる．ただし，その債務の不履行が契約その他の債務の発生原因及び取引上の社会通念に照らして債務者の責めに帰することができない事由によるものであるときは，この限りでない．

2 項　前項の規定により損害賠償の請求をすることができる場合において，債権者は，次に掲げるときは，債務の履行に代わる損害賠償の請求をすることができる．

　　一号　債務の履行が不能であるとき．

　　二号　債務者がその債務の履行を拒絶する意思を明確に表示したとき．

　　三号　債務が契約によって生じたものである場合において，その契約が解除され，又は債務の不履行による契約の解除権が発生したとき．

（催告による解除）第 541 条

　当事者の一方がその債務を履行しない場合において，相手方が相当の期間を定めてその履行の催告をし，その期間内に履行がないときは，相手方は，契約の解除をすることができる．ただし，その期間を経過した時における債務の不履行がその契約及び取引上の社会通念に照らして軽微であるときは，この限りでない．

（催告によらない解除）第 542 条

1 項　次に掲げる場合には，債権者は，前条の催告をすることなく，直ちに契約の解除をすることができる．

　　一号　債務の全部の履行が不能であるとき．

　　二号　債務者がその債務の全部の履行を拒絶する意思を明確に表示したとき．

　　三号　債務の一部の履行が不能である場合又は債務者がその債務の一部の履行を拒絶する意思を明確に表示した場合において，残存する部分のみでは契約をした目的を達することができないとき．

　　四号　契約の性質又は当事者の意思表示により，特定の日時又は一定の期間内に履行をしなければ契約をした目的を達することができない場合におい

て，債務者が履行をしないでその時期を経過したとき．

五号　前各号に掲げる場合のほか，債務者がその債務の履行をせず，債権者が前条の催告をしても契約をした目的を達するのに足りる履行がされる見込みがないことが明らかであるとき．

2項　次に掲げる場合には，債権者は，前条の催告をすることなく，直ちに契約の一部の解除をすることができる．

一号　債務の一部の履行が不能であるとき．

二号　債務者がその債務の一部の履行を拒絶する意思を明確に表示したとき．

（買主の代金減額請求権）第563条

1項　前条第1項本文に規定する場合において，買主が相当の期間を定めて履行の追完の催告をし，その期間内に履行の追完がないときは，買主は，その不適合の程度に応じて代金の減額を請求することができる．

2項　前項の規定にかかわらず，次に掲げる場合には，買主は，同項の催告をすることなく，直ちに代金の減額を請求することができる．

一号　履行の追完が不能であるとき．

二号　売主が履行の追完を拒絶する意思を明確に表示したとき．

三号　契約の性質又は当事者の意思表示により，特定の日時又は一定の期間内に履行をしなければ契約をした目的を達することができない場合において，売主が履行の追完をしないでその時期を経過したとき．

四号　前3号に掲げる場合のほか，買主が前項の催告をしても履行の追完を受ける見込みがないことが明らかであるとき．

3項　第1項の不適合が買主の責めに帰すべき事由によるものであるときは，買主は，前2項の規定による代金の減額の請求をすることができない．

（買主の損害賠償請求及び解除権の行使）第564条

前2条の規定は，第415条の規定による損害賠償の請求並びに第541条及び第542条の規定による解除権の行使を妨げない．

（目的物の種類又は品質に関する担保責任の期間の制限）第566条

売主が種類又は品質に関して契約の内容に適合しない目的物を買主に引き渡した場合において，買主がその不適合を知った時から1年以内にその旨を売主

に通知しないときは，買主は，その不適合を理由として，履行の追完の請求，代金の減額の請求，損害賠償の請求及び契約の解除をすることができない．ただし，売主が引渡しの時にその不適合を知り，又は重大な過失によって知らなかったときは，この限りでない．

11. 危険負担

　最近は天災も多く，特に集中豪雨がよくある．不動産などが崖崩れなど
で倒壊したり，見晴らしのよい高台で余生を過ごそうと思っていたら，家
も建てられない状況になったというような状況はもとより，中古高性能グ
ラフック対応 PC・SSD 512MB に変更済みを買ってメモリーの増設をお
願いしており 3 日前にできたよという電話があったが，忙しくてそのま
まにしていたら，店からの電話で「先生のノート PC，昨日の大雨で浸水
しまして……」「ええー．確かにうちも薬がえらいことで，電子カルテも
吹込みでぬれてやばいかもなんだ」という会話があったとしよう．PC 代
で 25 万円（メモリ 16GB に増設料込み）として，払わなければいけない
のだろうか．水没して壊れた PC を引き渡されて 25 万円をとられるのか，
「電気屋さん，お気の毒様」で済むのか大問題である．

<改正後民法>
（目的物の滅失等についての危険の移転）第 567 条
1 項　売主が買主に目的物（売買の目的として特定したものに限る．以下この
　　条において同じ．）を引き渡した場合において，その引渡しがあった時以後
　　にその目的物が当事者双方の責めに帰することができない事由によって滅失
　　し，又は損傷したときは，買主は，その滅失又は損傷を理由とする履行の追
　　完の請求，代金の減額の請求，損害賠償の請求及び契約の解除をすることが
　　できない．この場合において，買主は，代金の支払を拒むことができない．
2 項　売主が契約の内容に適合する目的物をもって，その引渡しの債務の履行
　　を提供したにもかかわらず，買主がその履行を受けることを拒み，又は受け
　　ることができない場合において，その履行の提供があった時以後に，当事者
　　双方の責めに帰することができない事由によってその目的物が滅失し，又は
　　損傷したときも，前項と同様とする．

<改正前民法>

第534条

1項　特定物に関する物権の設定又は移転を双務契約の目的とした場合において，その物が債務者の責めに帰することができない事由によって滅失し，又は損傷したときは，その滅失又は損傷は，債権者の負担に帰する．

2項　不特定物に関する契約については，第401条第2項の規定によりその物が確定した時から，前項の規定を適用する．

　大雨があったとしても，PCといった精密機器を扱っているのだから，雨で濡らすなどとは言語道断，債務不履行だと言えれば，25万円の代金は当然払わなくてよいと思われるが，医療機関で患者さんの診療情報を保管する大切な電子カルテや薬剤が台無しになるくらいだから，やむを得ない天災だということになる場合もあろう．そのようなケースで，売買の当事者がどう負担をするのかを「危険負担」の問題と言う．

　売買の目的物（本件だとPC）が当事者双方の責めに帰することができない事由（予期できないような突然の大雨）によって滅失または損傷した場合に，いつの時点から，買主は，その滅失または損傷を理由とする履行の追完の請求（PCちゃんとしたのを持ってこい），代金の減額の請求，損害賠償の請求および契約解除の買主の権利を行使することができなくなるのかという問題である．

　改正前民法の目的物の滅失に関する危険移転のルール（債権者すなわち買主への）では，534条により契約締結と同時に買主に危険が移転することになっていた．このルールだと，PCを売買する契約をしたら危険は買主に移転するから，代金を払おうがPCをまだ持ち帰っていなかろうが両者に責任のない天災でPCが壊れたら，その危険を負担するのは買主である先生ということになる．

　普通は，これはおかしいという感覚だろう．取引の世界でも批判が強く，解釈上，目的物の引渡しなどがなされた場合に限定する考え方が一般的で，不動産などの物件であれば必ず契約書には危険負担については排除する（売主が危険を負担する）という条文が置かれていた．このため危険

の移転時期について，原則を変更した．

さて，改正後民法567条1項前段であるが，売買の目的物が，買主に引き渡された後に，当事者双方の責めに帰することができない事由によって滅失・損傷した場合買主は目的物の滅失・損傷を理由とする追完請求，代金減額請求，損害賠償請求または契約解除はできない．すなわち，目的物の滅失・損傷の危険の移転時期は，引渡し時ということになる．ただ，代金支払い，登記移転により危険が移転するかは，解釈問題の可能性を含んでいる．

また，本条はあくまで目的物が特定している場合に限定される（同項括弧書き）種類物の場合，契約不適合がある物が引き渡されても，まだ特定したものとなっておらず（401条2項），売主に再調達義務があるから危険は移転せず，担保責任にかかる買主の救済手段を行使できる．同じ型のPCを調達してもらうだけの話である．

滅失・損傷以外の，目的物の契約不適合や，履行遅滞に基づく債務不履行を理由とする責任追及は，引渡しによる危険移転後に滅失・損傷しても可能である．

本条1項後段は，引渡し後に当事者双方の責めに帰することができない事由により目的物が滅失・損傷したとき買主は代金の支払いを拒むことができないことを明文化したものである．

本条2項については，買主が契約内容に適合する目的物につき受領遅滞した場合の規定である．できたからとりにこいと言っているのに，理由もなく，約束の日にとりに行かないようなケースである．このような場合は受領遅滞の効果として，売主から買主に危険が移転する．売主が契約に適合した目的物を提供したにもかかわらず，買主がそれを受けとらなかった後に目的物が滅失・損傷した場合に，売主に危険を負担させるのは酷であるからという理由である．

その他，売買目的不動産に抵当権が付いていた場合の規定などについて変更点があるが，特に医師が知っておく必要のない規定なので省略する．

あと，取引で当たり前のようなルールも，多くは民法の規定によっている．以下挙げておく．

<改正後民法（改正なし）>

（代金の支払期限）第 573 条

　売買の目的物の引渡しについて期限があるときは，代金の支払についても同一の期限を付したものと推定する．

（代金の支払場所）第 574 条

　売買の目的物の引渡しと同時に代金を支払うべきときは，その引渡しの場所において支払わなければならない．

（果実の帰属及び代金の利息の支払）第 575 条

1 項　まだ引き渡されていない売買の目的物が果実を生じたときは，その果実は，売主に帰属する．

2 項　買主は，引渡しの日から，代金の利息を支払う義務を負う．ただし，代金の支払について期限があるときは，その期限が到来するまでは，利息を支払うことを要しない．

　これらの規定は，消費者契約法などが適用され，消費者（医療機関との関係で患者もそうである）に著しく不利益な場合はともかく，契約書などを交わして変更することが可能な「任意規定」である．

JCOPY 498-04898

12. 委任・準委任

　ここは，本来は医師にとって一番大事なところ（診療の際の注意ポイント！）である．本当ならこの部分だけで3冊分くらいの分量が必要だろう．

　しかし本書においては，医療における準委任契約は，条文以外の裁判例やそれから導き出されたルールが膨大であるのと，今回の債権法改正で大きな変更がなかったことから簡単に触れておくだけにする．もう少し勉強したい方は，拙著「弁護医師医療訴訟とリスクマネジメント」（医療文化社：2008）などを読んでいただきたい．

　基本的に医師，医療機関と患者との間は，法律家に言わせれば診療契約で結び付けられている．正確に言えば，一方当事者は医療機関の開設者，すなわち，国立病院機構，国立大学法人，学校法人，都道府県市町村，日本赤十字社，社会福祉法人（済生会病院など），医療法人，個人開業医などである．ここで実際に患者の診療を行う医師などはこれら開設者の履行補助者という位置付けになる．だから訴訟の際は，債務不履行で訴えられるのは，医師個人ではなく医療機関の開設者である．医師個人は不法行為（709条）で訴えられることになる．さらに言えば，医師個人に不法行為責任が生じれば，雇っていた医療機関が使用者責任（715条）を負うが，これらは契約責任とは別のスキームである．

　医療機関開設者と患者の間に締結される診療契約は，基本的には準委任契約であるとされている．準委任契約は委任契約を準用しているので，委任契約の改正は，そのまま影響することとなるが，今回の改正は委任契約それ自体に大きな変更が加えられているわけではない．

　診療契約が含まれるカテゴリーとしての準委任契約についての規定は改正がない．診療契約は，重要で議論のある契約類型だと思われるが，民法の中で，短期消滅時効の規定が削除されたことくらいで，今回の議論についてはあまり触れられていない．

＜改正後民法（改正なし）＞

第656条

　この節の規定は，法律行為でない事務の委託について準用する．

　準用される委任契約というのは，条文からもわかるように「法律行為」を任せる契約である．すなわち，弁護士に頼む契約と考えればよいと思われる．その規定を医師にも準用するというのである．

＜改正後民法（改正なし）＞

第643条

　委任は，当事者の一方が法律行為をすることを相手方に委託し，相手方がこれを承諾することによって，その効力を生ずる．

第644条

　受任者は，委任の本旨に従い，善良な管理者の注意をもって，委任事務を処理する義務を負う．

　ここで診療契約に関係してくるのが，善良な管理者の注意義務というやつである．講演などで644条の条文を示して，弁護士に善良な人はいないのに不思議な条文ですよね？　というと笑いがとれるので，たいてい言っているが，この条文を引用して医療訴訟は提起されるので，本当は笑いごとではない．ただ，この条文で示しているのは，結果に責任を持たないということである．なんせ弁護士に頼む契約であるから，裁判になればどちらかが敗訴する．それで結果が悪いからと言って責任をとらされるのでは，弁護士はやっていけない．「ひととおりやることをやりましたよ．何か？」でOKということになっているのがこの規定である．

　診療契約構成での医療訴訟は山ほどあるが，本書では触れない．いままでの私の本にいろいろ書いているので，お読みいただければ幸いである．

　委任契約に関しては，改正は少ない．改正点の一つが復委任である．複数の複ではなくて，往復の復であるから注意して欲しい．

<改正後民法>

（復受任者の選任等）第644条の2

1項　受任者は，委任者の許諾を得たとき，又はやむを得ない事由があるとき
　　でなければ，復受任者を選任することができない．

2項　代理権を付与する委任において，受任者が代理権を有する復受任者を選
　　任したときは，復受任者は，委任者に対して，その権限の範囲内において，
　　受任者と同一の権利を有し，義務を負う．

【参考】

（任意代理人による復代理人の選任）第104条（改正なし）

　委任による代理人は，本人の許諾を得たとき，又はやむを得ない事由がある
ときでなければ，復代理人を選任することができない．

（法定代理人による復代理人の選任）第105条

　法定代理人は，自己の責任で復代理人を選任することができる．この場合に
おいて，やむを得ない事由があるときは，本人に対してその選任及び監督につ
いての責任のみを負う．

（復代理人の権限等）第106条

1項　復代理人は，その権限内の行為について，本人を代表する．

2項　復代理人は，本人及び第三者に対して，その権限の範囲内において，代
　　理人と同一の権利を有し，義務を負う．

　委任契約は，弁護士に頼む契約が典型だと述べたが，弁護士に頼むとき
は，医師にかかるとき以上に，いい先生かどうか考えるのではないか．そ
して，この先生にとお願いしたのに，実際は司法研修が終わったばかりの
ピカピカ金バッジがスマホで検索しながら（それも Wikipedia），「うーん
うーん」と言いながら相談に応じているようでは，依頼人も怒るであろ
う．名医の誉れ高い医師に，ようやくたどり着いたら，あとは研修医で
ね，と言われた患者も同じかもしれない．

　しかし通常は，前述したように，診療契約は医療機関開設者と患者との
準委任契約であり，国立大学法人東京大学と契約したのに，じゃ，近所に
順天堂医院ってのがあるからそこに行って検査受けてくださいね，という
のは基本的には644条の2の規定を準用して，患者の許諾ややむを得な

い事情がない限りできないが，東大病院で名医とされる A 先生が診ずに，若い B 先生が担当になることは契約違反には普通ならない．しかし，個人でやってる弁護士事務所では，イソ弁（事務所を開設するボス弁に雇用されている弁護士）が担当になる場合は，許諾が必要と言っても，最初に担当させますからとボス弁が言って，依頼人が「それじゃ他に行きます」と言わない限り黙示に承諾があったものとされる．

　これまでは代理については復代理に関する規定があったが，委任契約についてはなかったので新設された．これで受任者の自己執行が原則であることを明確に規定し，復委任が許される要件と，復受任者と委任者との権利義務関係を規定したのである．個人開業医の場合，契約当事者（受任者）は開業している個人であるが別の医師を今日の担当医として明示して，患者が何も言わずに受診すれば弁護士の場合と同様に黙示の承諾があったとされよう．

　規定の仕方は，任意代理人による復代理人の選任の規定（同法 104 条）と平仄を合わせた文言となっており，代理は外部関係であり，委任は内部関係であることを明確にしている．

　なお，未成年後見人，成年後見人等には改正後民法 644 条の 2 は準用されていない．成年後見人と話をするときには，後見人本人と話をすることが必要である．しかし，任意後見人は，本人との委任契約における受任者であるから，当然に委任の規定が適用される．

　任意後見契約法では，任意後見人が事務を行うことができないような急迫の事情がある場合には，後見監督人が任意後見人の代理権の範囲内において，必要な処分をすることが定められている（同法 7 条 1 項 3 号）．生命身体の処分についても任意後見契約では委任されている場合があり，契約内容を確認して ACP（advance care planning）などの結果を踏まえて対応することが必要となろう．

　経過措置として，以下の規定があり契約締結が施行日前であれば改正前民法が，施行日以後であれば改正後民法が適用される．

<改正後民法>

（贈与等に関する経過措置）附則第 34 条

施行日前に贈与，売買，消費貸借（旧法第 589 条に規定する消費貸借の予約を含む.），使用貸借，賃貸借，雇用，請負，委任，寄託又は組合の各契約が締結された場合におけるこれらの契約及びこれらの契約に付随する買戻しその他の特約については，なお従前の例による.

その他，注意しておきたい条文を挙げておくが，改正はない.

<改正後民法（改正なし）>

第 645 条

受任者は，委任者の請求があるときは，いつでも委任事務の処理の状況を報告し，委任が終了した後は，遅滞なくその経過及び結果を報告しなければならない.

診療においての診療行為後の説明義務の根拠となりそうな条文である. 死亡後に遺族に対しての顛末報告義務は，本来この条文では読みとれないが，裁判例では義務の存在を認めている（広島地裁平成 4 年 12 月 21 日判決 判例タイムズ 814 号 202 頁. ただ，これはかなりおかしな判決でトンデモの類いであろう）.

保険診療では預かり金のようなものは禁止されているが，自由診療であれば問題はない. 診療が終わって，余っていれば返還するのは当然である. 医療機関が患者が受け取るべき給付金を代わりに受け取る場合，例えば動けない患者で身寄りもなく，病院職員が代わりに受け取ってくるような場合が該当する. ただ，この場合は，受領権限を委任されている委任契約と考えるかもしれないが，受領するのは事実行為と考えられるので準委任契約と考えられている.

<改正後民法（改正なし）>

第 646 条

1 項　受任者は，委任事務を処理するに当たって受け取った金銭その他の物を

委任者に引き渡さなければならない．その収取した果実についても，同様とする．

2項　受任者は，委任者のために自己の名で取得した権利を委任者に移転しなければならない．

代わりに受領したお金を使ってしまったら，利息を付けて返す義務がある．この利息は法定利率で計算するので，かなり前の事案だと年利5%で結構高い．

<改正後民法（改正なし）>
第647条

受任者は，委任者に引き渡すべき金額又はその利益のために用いるべき金額を自己のために消費したときは，その消費した日以後の利息を支払わなければならない．この場合において，なお損害があるときは，その賠償の責任を負う．

改正により影響がありそうなのが，受任者の報酬に関する規定である．

<改正後民法>
第648条

1項　受任者は，特約がなければ，委任者に対して報酬を請求することができない．

2項　受任者は，報酬を受けるべき場合には，委任事務を履行した後でなければ，これを請求することができない．ただし，期間によって報酬を定めたときは，第624条第2項の規定を準用する．

3項　受任者は，次に掲げる場合には，既にした履行の割合に応じて報酬を請求することができる．

　　一号　委任者の責めに帰することができない事由によって委任事務の履行をすることができなくなったとき．

　　二号　委任が履行の中途で終了したとき．

第648条の2

1項　委任事務の履行により得られる成果に対して報酬を支払うことを約した

JCOPY 498-04898

場合において，その成果が引渡しを要するときは，報酬は，その成果の引渡しと同時に，支払わなければならない.

2項　第634条の規定は，委任事務の履行により得られる成果に対して報酬を支払うことを約した場合について準用する.

<改正前民法>
第648条
1項　（改正後民法と同）
2項　（改正後民法と同）
3項　委任が受任者の責めに帰することができない事由によって履行の中途で終了したときは，受任者は，既にした履行の割合に応じて報酬を請求することができる.

　民法上，委任契約も準委任契約も，原則は無償である．弁護や医療は昔から貴族が行う Noblesse oblige なものであるから「金のことを言うな」ということだと言われているが（だから医療法人は余剰金の社員への配分は禁止され，非営利とされている）.

　しかし，最高裁は弁護士報酬はただなわけがないとしている．曰く「事件の難易，訴額および労力の程度ばかりでなく，依頼者との平生からの関係，所属弁護士会の報酬規程その他諸般の情況をも審査し，当事者の意思を推定し，以って相当報酬額を算定すべきである」（最高裁昭和37年2月1日判決 民集16巻2号157頁）.

　最近無給医が問題になったが，医師のただ働きはありえないと判断されるべきであろう.

　商法の規定（512条）では，委任，準委任すべて有償が原則だが，一般人の間でオーディオの接続をお願いしたり，彼女を紹介してもらったりして，報酬請求権が法律上当然に発生するとは考えないであろう．「頼むよ，なんかお礼するからさあ〜」という特約があってはじめての対価が得られるのである.

　改正での議論では，委任に関する無償性の原則は，世知辛い現代社会に

おける取引の実態に適合しないことから，648条1項を削除する提案がなされたようである．しかし，同項を削除しても，報酬をとろうとするなら報酬のこれこれの約束があったという主張立証が必要なので，結局，648条1項の規定はそのまま維持され，結果として無償性の原則は残ることになった．

商法

（報酬請求権）第512条

　商人がその営業の範囲内において他人のために行為をしたときは，相当な報酬を請求することができる．

　改正後民法は，報酬支払の約定がなされている委任における報酬の支払方法として2つの方式があることを明確にし，それぞれの支払方法を定めた．

　① 事務処理の労務に対して報酬が支払われる履行割合型

　② 委任事務の履行により得られる成果に対して報酬を支払う成果完成型

　弁護士だとわかりやすいのだが，タイムチャージ方式は①の類型に，成功報酬として勝訴金額あるいは請求額に対しての減額に応じての一定割合を決めた場合は②になる．ちなみに，医療訴訟を保険会社や医師会を通じて弁護士に委任した場合は，着手金と報酬は②と考えられるし，法廷への出張日当などは①に相当すると思われ，両方を含めた報酬規定となっている．

　健康保険診療の場合は，出来高払い（これは請負契約と誤解を招く用語だが）なので，基本的に①の報酬契約と思われ，しかも公法である健康保険法や国民健康保険法によって定められた公法上の契約である．

　さて，診療契約が準委任契約であるので，プロトタイプである委任契約，すなわち弁護士に裁判を依頼したときの報酬の話をしてみよう．

　弁護士への報酬の支払時期は医療訴訟では，最高裁まで行くか，相手かこっちが諦めて判決確定したときに生ずることになっている．一審だけ受任したような場合は一審判決のときに発生する契約になっているであろ

う.

　原則的に委任における報酬は，事務処理の労務に対して支払われるから，報酬請求権は委任事務を終了した後に発生する（後払い）ことが原則（改正後民法 648 条 2 項本文）であるが，着手金は特約による例外と解される.

　期間によって報酬を定めたときは，約定期間経過後に報酬請求できる（同法 648 条 2 項ただし書，同法 624 条 2 項）

　成果完成型の委任のうち，成果が引渡しを要する場合は，請負の支払方式（同法 633 条）と同様に，成果の引渡しと報酬の支払とが同時履行になる（同法 648 条の 2 第 1 項）．例えば，相手と交渉してある物をもらってきてくれという契約である.

　成果の引渡しを要しないものは，成果完成後に報酬請求権が発生する（同法 648 条 2 項本文）．勝訴判決が典型で判決文は必要ない.

　以上の改正は，成果完成型の委任は，委任事務の処理の結果として成果が達成したときに，その成果に対する報酬として支払われる方式であるから，報酬支払の点をみると請負契約と似ているので，成果完成型の委任のうち成果の引渡しを要しない場合の報酬請求権は，成果完成後に発生する（同法 648 条 2 項）ことから，成果が完成しなければ報酬請求はできないこととしたようである.

　医師の診療でも弁護士の訴訟活動でも途中で終わる場合がある．従前は，委任について明確な条文はなかったが，委任事務が履行不能になったとき（同法 648 条 3 項 1 号）と委任が履行の中途で終了したとき（同項 2 号）に，割合的報酬の請求が可能な場合が規定された.

　例えば美容整形で両耳の形を変えようというときに，同日に両耳の手術を行うこととなったが，右耳を終えたときに，患者がくも膜下出血（SAH）を起こして中断したらどうなのだろう．それがこの規定が適用されるケースの一つである.

　また右耳を問題なく手術したところ，左耳を手術する際に手術器具を落としてしまい，滅菌済みのものがないために，少し時間をとると説明したら怒り出して左耳の手術が中止になったようなケースとか，問診が不十分

なために投与薬剤で蕁麻疹が出てきてやむを得ず中止したようなケースなどではどうだろうか．後始末の中で，結局は請求しないのだろうが，首尾よく仕上げた右耳の手術代はどうなるのであろうか．保険診療では両側の手術を一度に行うことは認められないことも多いので，あまり生じないが，保険外診療だと，忙しいので一度に済ませて欲しいと言う患者は多い．

　改正後民法648条3項では，受任者に帰責事由がある場合には，解除された契約の委任事務の履行の結果を委任者が利用できたとしても，報酬請求ができない規定である．しかし，受任者の帰責事由（先ほどの器具を落としたケース．SAHであっても手術ミスでSAHが起こったと主張されよう）により委任事務の処理が中途で不能となり委任者に損害が発生した場合は，債務不履行（医療過誤）に基づく損害賠償請求の問題であって，報酬請求権とは別のはずである．

　受任者に帰責事由がある場合にも，委任事務の一部がきちんと履行されたのであれば，すでにされた委任事務の履行に対しては履行の割合に応じて報酬を請求することができるとするのが公平にかなう．公法上の契約であるが健康保険を用いている場合，第三者加害行為の規定を適用して，医療過誤による診療費用を医師国保などの保険者が医療機関に求償権を行使する事案があったが，医療過誤を生ずるまでの診療費は少なくとも保険請求して支払われる．このような実務をみても，準委任契約で途中までちゃんとできた場合には，途中までの報酬請求権は残るというのが実務にかなう．

　ところが，改正前民法には成果完成型の委任について規定が存しなかったことから，委任事務が中途で終了した場合には成果が完成していないとして，解除された契約の委任事務の履行の結果を委任者が利用できたとしても，委任の規定によって報酬請求することはできないとの考えが有力であったので，今回の改正につながったのである．

　改正によって，受任者は，委任事務が履行不能になった（できなくなった）とき（改正後民法648条3項1号）と委任が履行の中途で終了したとき（同項2号）には割合的報酬の請求が可能となったわけであるが，「委

JCOPY　498-04898

任が履行の中途で終了した」とは，委任が解除された場合（651 条 1 項），および履行の中途で終了事由が生じた場合（653 条）である．

　両目の手術で右目は成功，左目はやっぱりやめると事前の契約に従い解除した場合でも，左目に移る際に器具を落としてしまい続行ができなくなった場合でも，割合的報酬の請求の可否は，受任者の帰責事由の有無にかかわらず請求できる．

　ちなみに併せて改正後民法では，雇用，請負，寄託にも割合的な報酬に関する規定を設け，役務提供型の契約における報酬についての規定を横断的に整理している（雇用については改正後民法 624 条の 2，請負については同法 634 条，寄託については同法 665 条が準用する同法 648 条 3 項）．

　また，委任が履行の中途で終了したことについて委任者に帰責事由がある場合，すなわち，両目の手術を行う契約で，麻酔科医や看護師の手配もして，特殊な機械を借りて，すべて準備して手術を始め，右を手術したところで，患者が「あれ，今日は 3 時に行くところがあったから左はやめるわね」と言い出した場合には，履行割合型か成果完成型かを問わず，危険負担の規定（改正後民法 536 条 2 項）が適用され，委任事務の履行が未了の部分も含めて報酬全額の請求をすることができる．逆に，受任者に帰責事由がある場合に，委任事務の履行を受けられなくなった委任者が何らかの損害を被っていれば，委任者は受任者に対し損害賠償を請求することになる．右目を手術して左目は器具を落としたので手術ができなくなったのであれば，左右の差を我慢する期間の慰謝料，また手術を受けるための通院慰謝料などが生ずる．しかし，実際にはそれほどの額にはならないだろう．報酬のほうは数十万〜数百万円までいろいろであろうが，ゴッドハンドの手術なら報酬請求権が残るのは大きいであろう．

　一方，成果完成型の委任は，成果の完成の対価として報酬が支払われる形式が請負と類似していることから，請負の報酬に関する規定を準用して割合的報酬を請求できる規定を新設した（改正後民法 648 条の 2 第 2 項）．

　この場合でも委任事務を履行して成果を得ることができなくなったとき，もしくは，委任が事務を履行して成果を得る前に解除されたときに，すでにした事務の結果のうち可分な部分の給付によって委任者が利益を受

ける場合には利益を受ける割合に応じて報酬請求することができる（同法648条の2第2項，634条）．

　健康保険診療の場合でも，高齢者に大腸がんの手術をした，治癒切除できたが，その後経口摂取開始後に縫合不全になり，腹膜炎から敗血症，気管挿管して何とか切り抜け，抜管できたがその後尿路感染だとか誤嚥性肺炎だとか，認知症も進行し，最後は痰詰まりの窒息死．よく遺族が訴えてくるパターンである．

　診療報酬請求をするが，医療過誤だと主張して払わないのはよくあるケースである．この場合，受任者である医療機関に帰責事由がある場合にも条文上は割合的報酬請求は可能である．未払い診療報酬請求は行う場合もあろう．そして，そのような請求を訴訟で行えば，反訴として損害賠償請求がなされるのが通常である．このようなケースでは診療報酬より損害賠償請求やそれに対応する弁護士費用が高くなるので，様子見も一つの作戦であろう．

　また，委任者に帰責事由がある場合には，履行割合型も成果完成型も全額報酬請求が可能になったことから，美容整形などでは，報酬請求権が可分か不可分かについて争点となると思われる．

　健康保険の診療報酬は費用も含めて出来高払いで後払いだが，649条のように，本来は費用については前払いが原則である．

＜改正後民法（改正なし）＞
第649条
　委任事務を処理するについて費用を要するときは，委任者は，受任者の請求により，その前払をしなければならない．

　もちろん，先に医療側が費用を負担したら請求できる（650条）．健康保険では費用も診療報酬の中に含まれているが，本来は別に請求すべきものである．

<改正後民法（改正なし）>

第650条

1項　受任者は，委任事務を処理するのに必要と認められる費用を支出したときは，委任者に対し，その費用及び支出の日以後におけるその利息の償還を請求することができる．

2項　受任者は，委任事務を処理するのに必要と認められる債務を負担したときは，委任者に対し，自己に代わってその弁済をすることを請求することができる．この場合において，その債務が弁済期にないときは，委任者に対し，相当の担保を供させることができる．

3項　受任者は，委任事務を処理するため自己に過失なく損害を受けたときは，委任者に対し，その賠償を請求することができる．

　委任の規定では，特にトラブルがなくても，委任者が解除できる規定となっている（651条）．この点，判例の規範を法文化した．

<改正後民法>

第651条

1項　委任は，各当事者がいつでもその解除をすることができる．

2項　前項の規定により委任の解除をした者は，次に掲げる場合には，相手方の損害を賠償しなければならない．ただし，やむを得ない事由があったときは，この限りでない．

　一号　相手方に不利な時期に委任を解除したとき．

　二号　委任者が受任者の利益（専ら報酬を得ることによるものを除く．）をも目的とする委任を解除したとき．

<改正前民法>

第651条

1項　（改正後民法と同）

2項　当事者の一方が相手方に不利な時期に委任の解除をしたときは，その当事者の一方は，相手方の損害を賠償しなければならない．ただし，やむを得ない事由があったときは，この限りでない．

　契約は，「約束」だから相手を拘束するのが目的である．ところが，委任は，各当事者がいつでも解除をすることができる（改正後民法651条1項）という奇妙な契約なのである．いつでも信頼がなくなったらお別れできるのである．医師と患者，弁護士と依頼人というような信頼関係で結びついた関係を前提とする契約なので，このような例外的規定が置かれている．

　この解除には遡及効がない（同法652条，620条）．最初からなかったことになるのではなく，契約期間のいろいろなことは残る．

　ただ，急にお別れと言われても困るのは世の常．改正前民法の規定でも，相手方に不利な時期に解除をしたときは，やむを得ない事由による場合を除き，相手方に対し，損害を賠償しなければならない（改正前民法651条）とされていた．

　改正後民法でも，委任は原則として各当事者がいつでも解除をすることができる（651条1項）が，①相手方に不利な時期に委任を解除したとき，②委任者が受任者の利益を目的とする委任を解除したときには，やむを得ない事由がある場合を除き，相手方の損害を賠償しなければならないとした（651条2項）．これは，最高裁判例（最高裁昭和56年1月19日判決民集35巻1号1頁）ですでに宣言されたルールである．

　「受任者の利益を目的とする委任」という文言が新たに条文に入ったが，診療報酬がもらえたはずというのは，受任者である医療側の利益を目的としたものと言えそうだが，条文ではあえてこれを排除している．

　つまり最高裁判例で，委任契約において委任事務処理に対する報酬を支払う旨の特約があるだけでは，受任者の利益をも目的とするものとは言えず（最高裁昭和58年9月20日判決　裁判集民事139号549頁），単に報酬の特約があるだけでは，受任者の利益を目的とした委任契約とは言えない（最高裁昭和43年9月3日判決　裁判集民事92号169頁）としているので，これを条文化したのである．

　委任の終了事由は解除以外に特殊なものがある．改正はない．

＜改正後民法（改正なし）＞

第652条

第620条の規定は，委任について準用する．

第653条

委任は，次に掲げる事由によって終了する．

一号　委任者又は受任者の死亡

二号　委任者又は受任者が破産手続開始の決定を受けたこと．

三号　受任者が後見開始の審判を受けたこと．

　注意するべきは654条であるが，開業医が急死したから，遺族が何か「処分」するべきとの事案はみたことがない．ただ，医師の生前の医療過誤を理由として損害賠償請求を医師の遺族にしてくる例はある．

＜改正後民法（改正なし）＞

第654条

委任が終了した場合において，急迫の事情があるときは，受任者又はその相続人若しくは法定代理人は，委任者又はその相続人若しくは法定代理人が委任事務を処理することができるに至るまで，必要な処分をしなければならない．

　委任は，弁護士などに対して行うのが典型だが，代理権を与えることが多い．代理権の終了と相手方の保護は代理の規定でも整理されているが，委任契約でも規定が置かれている．

＜改正後民法（改正なし）＞

第655条

委任の終了事由は，これを相手方に通知したとき，又は相手方がこれを知っていたときでなければ，これをもってその相手方に対抗することができない．

　なお，診療行為について委任の規定を用いる根拠条文は656条である．

<改正後民法（改正なし）>

第656条

　この節の規定は，法律行為でない事務の委託について準用する．

JCOPY 498-04898

索引

著者略歴

田邉　昇（たなべ　のぼる）

名古屋大学医学部卒業．東京都立駒込病院で研修の後，名古屋大学大学院
医学研究科入学．血液内科学を専攻する傍ら，救急医療，臨床腫瘍学など
にも従事．
その後，国立名古屋病院（当時）を経て厚生省（当時）に入省，医療放射
線管理専門官，健康政策局総務課課長補佐等を経て退官．臨床医をしなが
ら東京大学法学部，京都大学大学院法学研究科に学び，旧法下での司法試
験に合格．
現在は臨床医を続ける傍ら弁護士（中村・平井・田邉法律事務所，大阪弁
護士会所属）として活動中．
これまで京都工芸繊維大学客員教授，京都簡裁民事調停官，厚生労働省医
療事故調査制度の施行に係る検討部会構成員，国立循環器病研究センター
倫理委員会委員長などの経験もあり．現在も国立病院機構，国立研究開発
法人医薬基盤・健康・栄養研究所，国立大学などの倫理委員会委員，滋賀
県立病院経営協議会委員など広く公職を務める．

［学位・専門医等］
医学博士，法学修士，経営学修士（MBA）
日本内科学会総合内科専門医
日本血液学会専門医
日本体育協会公認スポーツドクター
米国内科専門医会会員

［著書等］
講演：約950件
論考・論文等：450件
単著単行本（その他共著多数）：
　弁護医師による医療訴訟とリスクマネジメント（医療文化社，2008）
　弁護医師®が斬る！医療裁判ケースファイル180（中外医学社，2015）
　外科系医師が知っておきたい法律の知識（洋學社，2016）
　医療裁判 THE リアル（洋學社，2017）

医師・病院関係者のための
民法（債権法総論）入門
～120年ぶりの大改正をふまえて　　　　　　　　　　　ⓒ

発　行　2022年 4 月15日　1 版 1 刷

著　者　田　邉　　昇

発行者　株式会社　中外医学社
　　　　代表取締役　青　木　　滋
　　　　〒 162-0805　東京都新宿区矢来町 62
　　　　電　　話　(03) 3268-2701 (代)
　　　　振替口座　00190-1-98814 番

印刷・製本／三和印刷(株)　　　　　　　＜ KS・AK ＞
ISBN978-4-498-04898-0　　　　　　　Printed in Japan